何为
全过程人民民主

全过程人民民主是最广泛、最真实、最管用的社会主义民主

任仲文 ◎ 编

人民日报出版社

北 京

图书在版编目（CIP）数据

何为全过程人民民主 / 任仲文编． — 北京：人民日报出版社，2022.1
　　ISBN 978-7-5115-7213-4

　　Ⅰ.①何… Ⅱ.①任… Ⅲ.①社会主义民主－中国－文集 Ⅳ.① D62-53

　　中国版本图书馆 CIP 数据核字（2021）第 253622 号

书　　　名：	何为全过程人民民主
	HEWEI QUANGUOCHENG RENMIN MINZHU
编　　者：	任仲文
出 版 人：	刘华新
策 划 人：	欧阳辉
责任编辑：	曹　腾　高　亮
版式设计：	九章文化
出版发行：	人民日报出版社
社　　址：	北京金台西路 2 号
邮政编码：	100733
发行热线：	（010）65369509　65369527　65369846　65363528
邮购热线：	（010）65369530　65363527
编辑热线：	（010）65369523
网　　址：	www.peopledailypress.com
经　　销：	新华书店
印　　刷：	大厂回族自治县彩虹印刷有限公司
法律顾问：	北京科宇律师事务所　010-83622312
开　　本：	710mm×1000mm　1/16
字　　数：	127 千字
印　　张：	10.5
版　　次：	2022 年 1 月第 1 版　2022 年 10 月第 3 次印刷
书　　号：	ISBN 978-7-5115-7213-4
定　　价：	46.00 元

前　　言

中国的民主是人民民主，人民当家作主是中国民主的本质和核心。习近平总书记指出"人民民主是一种全过程的民主"，强调"发展全过程人民民主"。中国特色社会主义进入新时代，以习近平同志为核心的党中央深化对中国民主政治发展规律的认识，大力推进全过程人民民主，民主价值和理念进一步转化为科学有效的制度安排和具体现实的民主实践。今天，民主的阳光照耀中华大地，中国人民的民主自信更加坚定，中国的民主之路越走越宽广。

全过程人民民主，是中国共产党团结带领人民追求民主、发展民主、实现民主的伟大创造，是党不断推进中国民主理论创新、制度创新、实践创新的经验结晶。2021年12月4日，国务院新闻办公室发表《中国的民主》白皮书，全面总结中国的民主发展取得的显著成就，并明确提出："全过程人民民主，实现了过程民主和成果民主、程序民主和实质民主、直接民主和间接民主、人民民主和国家意志相统一，是全链条、全方位、全覆盖的民主，是最广泛、最真实、最管用的社会主义民主。"

全过程人民民主，既有鲜明的中国特色，也体现全人类共同价值。如何更好地推进全过程人民民主，让人民当家作主更加具体地、现实地体现在党治国理政的政策措施上，更加具体地、现实地体现在党和国家机关各个方面各个层级工作上，更加具体地、现实地体现在实现人民对美好生活向往的工作上，党员、干部不仅要全面理解全过程人民民主的价值理念、制度程序，而且要科学把握全过程人民民主的参与实践和世界意义，把民主素养作为一种能力来培养，作为一门艺术来掌握。

为帮助广大党员、干部更好地认识和把握全过程人民民主，人民日报出版社汇编《何为全过程人民民主》一书，对全过程人民民主进行深入阐释和解读。由于时间仓促，汇编过程中难免挂一漏万，敬请读者指正，以期不断完善。

目　录

为中华民族伟大复兴筑牢民主基石
　　——以习近平同志为核心的党中央发展全过程人民民主述评 …………… 1

不断发展全过程人民民主
　　——论学习贯彻习近平总书记中央人大工作会议重要讲话
　　人民日报评论员 ……………………………………………………………… 13

发展全过程人民民主　彰显中国式民主优势
　　杨振武 ………………………………………………………………………… 16

发展全过程人民民主　更好汇聚起人民力量
　　中国社会科学院习近平新时代中国特色社会主义思想研究中心 ……… 26

发展全过程人民民主
　　刘乐明 ………………………………………………………………………… 31

把全过程人民民主贯穿立法全过程
　　张　鷁 …………………………………………………… 33

发展全过程人民民主　加强和改进新时代立法工作
　　全国人大常委会法制工作委员会 …………………… 36

发展全过程人民民主　更好发挥人大制度优势
　　全国人大常委会机关党组 …………………………… 43

人民代表大会制度是实现我国全过程人民民主的重要制度载体
　　信春鹰 ………………………………………………… 52

践行全过程人民民主　推进专门协商机构建设
　　中共政协全国委员会机关党组 ……………………… 59

全过程人民民主是更高更切实的民主
　　尹汉宁 ………………………………………………… 67

继续推进全过程人民民主建设
　　孙　懿 ………………………………………………… 73

民主的阳光照耀中华大地
　　韩维正 ………………………………………………… 76

坚定制度自信　不断发展全过程人民民主
　　《求是》杂志评论员 ………………………………… 79

全过程人民民主是人类民主的新形态
　　秦德君 ………………………………………………… 86

目录

全过程人民民主的鲜明特征和独特优势
　　王新生 …………………………………………………… 90

深刻认识全过程人民民主的真正意义
　　中央党校（国家行政学院）习近平新时代中国特色社会主义思想
　　研究中心 ………………………………………………… 97

全过程人民民主的推进之道
　　张贤明 …………………………………………………… 102

全过程人民民主的根本政治保证
　　杨学博　何民捷 ………………………………………… 106

全过程人民民主拓展人类政治文明新视野
　　李笑宇 …………………………………………………… 110

全过程人民民主的制度优势和法治保障
　　周佑勇 …………………………………………………… 114

发展全过程人民民主
　　张树华 …………………………………………………… 120

马克思主义人民民主思想的重大突破
　　天津市人大常委会党组理论学习中心组 ……………… 128

延伸阅读

"全过程民主是高质量的人民民主"
　　——国际人士积极评价中国发展全过程人民民主 …… 141

"中国的民主制度充满了中国智慧"
——多国人士积极评价《中国的民主》白皮书 …………… 146

高质量履职 践行全过程人民民主……………………………… 150

为人类文明发展进步作出新的更大贡献 …………………………… 158

为中华民族伟大复兴筑牢民主基石

——以习近平同志为核心的党中央发展全过程人民民主述评

人民民主是社会主义的生命,是一种全过程的民主。

党的十八大以来,以习近平同志为核心的党中央坚持党的领导、人民当家作主、依法治国有机统一,健全人民当家作主制度体系,推动人民民主发展更加广泛、更加充分、更加健全,全过程人民民主不断发展完善,社会主义民主政治焕发勃勃生机,为社会主义现代化事业和中华民族伟大复兴筑牢坚实民主基石。

高举旗帜定方向

——以习近平同志为核心的党中央指明社会主义民主政治发展方向,擘画新时代发展全过程人民民主蓝图

一头连着虹桥街道,一头通向最高立法机关……上海市长宁区虹桥街道古北市民中心墙上的这幅彩虹漫画,不仅是创想,更源自现实。

虹桥街道是全国人大常委会法工委在全国设立的首批基层立法联系点之一。2019年11月2日，习近平总书记在这里同正在参加立法意见征询的社区居民代表亲切交流，明确指出：

"我们走的是一条中国特色社会主义政治发展道路，人民民主是一种全过程的民主"。

民主，就是人民当家作主。全过程人民民主，是人民当家作主的生动实践和必由之路。

中国共产党自成立之日起，就以实现中国人民当家作主和中华民族伟大复兴为己任。

抗战胜利前夜，面对黄炎培提出的"历史周期率"问题，毛泽东同志回答：我们已经找到新路，我们能跳出这周期率。这条新路，就是民主。

从陕甘宁边区的"豆选"，到北京人民大会堂的郑重投票；从建立"三三制"为原则的抗日民主政权，到确立人民民主专政的社会主义国家制度……中国人民在党的领导下开辟中国特色社会主义政治发展道路，形成一整套根植中国大地、顺应时代需求的社会主义民主政治制度。

在庆祝中国共产党成立100周年大会上的重要讲话中，习近平总书记站在人民创造历史的高度，强调"发展全过程人民民主"，发出开辟我国社会主义民主政治建设新征程的号令。

这是高举人民民主鲜明旗帜，发展新时代中国式民主的科学指引——

从"人民民主"到"全过程人民民主"，习近平总书记深刻总结我们党百年来为实现和保证人民当家作主不懈奋斗的宝贵经验，揭示社会主义民主的深刻内涵、鲜明特色和显著优势。

全过程人民民主是中国特色社会主义民主政治区别于西方形形

色色资产阶级民主的显著特征。习近平总书记指明"全过程"含义——"我国社会主义民主是维护人民根本利益的最广泛、最真实、最管用的民主。""既保证人民依法实行民主选举，也保证人民依法实行民主决策、民主管理、民主监督"。

如何既保证人民当家作主，也保证国家政治生活充满活力又安定有序？习近平总书记字字千钧——"关键是要坚持党的领导、人民当家作主、依法治国有机统一"。

民主法治建设如何更好回应人民群众需要和经济社会发展要求？习近平总书记语重心长——"社会主义民主政治的体制、机制、程序、规范以及具体运行上还存在不完善的地方，在保障人民民主权利、发挥人民创造精神方面也还存在一些不足，必须继续加以完善"。

高度重视、全面加强党对人大的领导，形成习近平总书记关于坚持和完善人民代表大会制度的重要思想；提出"发挥人民政协专门协商机构作用"，加强和改进人民政协工作；明确"保证各民族共同当家作主、参与国家事务管理，保障各族群众合法权益"；强调"有事好商量，众人的事情由众人商量"，推动城乡基层民主有序发展……

习近平总书记为社会主义民主政治发展指明方向，引领人民民主迈向"全链条、全方位、全覆盖""最广泛、最真实、最管用"的更高境界。

以普通党员身份参加所在党支部活动，模范践行党章和党内政治生活准则；每年全国两会同代表委员们深入交流、共商国是……习近平总书记率先垂范，以身作则。

这是把牢人民民主发展正确方向，确保国家一切权力属于人民的根本保障——

会期压缩、日程紧凑……2020年5月，受新冠肺炎疫情影响推迟2个多月的全国两会在北京举行。

全国两会，是我国政治生活中的一件大事。这次打破多年开会惯例的全国两会的召开，宣示党中央无论在什么情况下都要保障人民当家作主的坚强意志。

党的十八大以来，党中央对发展全过程人民民主的认识更加深刻、路径更加清晰，绘就新时代中国特色社会主义民主政治发展蓝图。

党的十八届三中全会提出，"更加注重健全民主制度、丰富民主形式，充分发挥我国社会主义政治制度优越性"。

党的十九大报告提出，"健全人民当家作主制度体系""扩大人民有序政治参与，保证人民依法实行民主选举、民主协商、民主决策、民主管理、民主监督"。

党的十九届四中全会提出，"坚持和完善人民当家作主制度体系，发展社会主义民主政治"。

……

在以习近平同志为核心的党中央坚强领导下，社会主义民主政治日益完善，全过程人民民主之树根深叶茂。

近年来，中央政治局常委会每年专门听取和研究全国人大常委会、国务院、全国政协、最高人民法院、最高人民检察院党组工作汇报。中共中央转发《中共全国人大常委会党组关于加强县乡人大工作和建设的若干意见》，夯实人民代表大会制度基础。制定关于加强新时代人民政协党的建设工作的若干意见，更好坚持党对人民政协工作的全面领导。出台关于加强城乡社区协商的意见，畅通民主渠道，开展形式多样的基层协商……

开门立法、民主立法让法律法规更有效反映人民意愿、回应人民呼声，国家决策各环节都充分发扬民主、汇聚民智，民族区域自治制度助力各民族地区加速经济和文化发展……

名非天造，必从其实。

正是因为中国共产党深深扎根人民、紧紧依靠人民，代表最广大人民根本利益，才能领导人民创建"全过程人民民主"这一新型政治文明形态，成为人类政治文明中的一道华彩，照耀人心。

正是在以习近平同志为核心的党中央坚强领导下，中国特色社会主义民主政治制度不断健全，民主形式不断丰富，民主渠道不断拓宽，全过程人民民主涌动更加澎湃的生机。

治国安邦倚民心

——全过程人民民主不断发展完善，更好发挥中国特色社会主义政治制度优越性，筑牢民族复兴制度根基

保证和支持人民当家作主不是一句口号、不是一句空话，必须通过一定的制度予以体现和保障。

"七一勋章"获得者石光银，依然清晰记得庆祝中国共产党成立100周年"七一勋章"颁授仪式上，习近平总书记握着他的手感叹："这几十年你们太不容易了。"

这位年近七旬的治沙英雄当选十三届全国人大代表后，履职中最关心的是生态环境，提出不少建议。

"有基层一线的同志当人大代表，是我国人民代表大会制度的政治优势！"2017年全国两会期间，习近平总书记的话语意味深长。

一种政治制度的生长，与其扎根的土壤息息相关。适合中国的民主政治制度不是"飞来峰"，鞋子合不合脚，只有穿的人才知道。

中国共产党坚持人民主体地位，从我国国情和实际出发，建立起以人民代表大会制度这一根本政治制度、中国共产党领导的多党合作和政治协商制度、民族区域自治制度、基层群众自治制度等为

主要内容的人民当家作主制度体系，为维护最广大人民根本利益奠定了坚实制度基础。

全过程人民民主不断发展，人民当家作主制度体系日臻完善——

县乡人大换届选举直接面对亿万人民群众，是全过程人民民主最生动、最直接的体现。

2021年初秋，北京市东城区景山街道，社区居民围在区人大换届选举的户外宣传展台前，积极参与知识问答活动。工作人员向选民们耐心讲解人大换届选举的重大意义、工作程序以及有关法律知识。

来自人民，为了人民。我国五级人大代表中，县乡两级人大代表占绝大多数，都是亿万选民一人一票选出来的。

根据新修改的选举法重新确定县乡人大代表名额，新增代表名额向基层群众、社区工作者等倾斜，科学合理确定县乡人大代表结构比例……当前，全国县乡两级人大换届选举工作依法有序稳步推进，保障最广大人民群众的选举权和被选举权。

修改人民代表大会制度的相关法律，充实完善发展全过程人民民主的要求和措施，在法治轨道上推进全过程人民民主的实践。

修改全国人大组织法，增加有关"全过程民主"规定，完善人大组织、运行等法律制度；建立国务院向全国人大常委会报告国有资产管理情况制度等，完善人大监督制度和工作机制；出台向社会公布法律草案征求意见工作规范、立法项目征集和论证工作规范等文件，完善立法机制和程序……我国根本政治制度不断发展完善，为发展全过程人民民主提供更加可靠的制度保障。

全过程人民民主体现在民主选举、民主协商、民主决策、民主管理、民主监督等国家治理各个环节。

2020年6月19日，一场关于小餐饮店是否应该入网的辩论，在十三届全国政协第37次双周协商座谈会现场热烈进行。

"全面确认小餐饮店入网经营资格,有利于餐饮业在逆境中快速回血""小餐饮店应先拿到食品经营许可再入网"……这样的"交锋",在全国政协双周协商座谈会上屡见不鲜。

自2013年创立以来,全国政协双周协商座谈会已成为人民政协的一个品牌,推动解决了一系列重大问题,展现了中国式协商民主的强大生命力。

实施乡村振兴战略、平安中国建设、应对人口老龄化、保障农产品质量安全、推动民族地区多渠道就业……以政协全体会议为龙头,以专题议政性常委会会议和专题协商会为重点,以双周协商座谈会、网络议政远程协商活动、对口协商会、提案办理协商会等为常态,协商议政的途径不断拓宽,让广纳群言、广谋良策、广聚共识的效果更明显。

国家一切权力属于人民。人民当家作主制度体系发展完善,既保证人民依法实行民主选举,通过民主协商参与国家治理和社会治理,也保证人民依法实行民主决策、民主管理、民主监督。

通过民主决策,广泛倾听民意、集中民智,使决策建立在民主和科学的基础之上;

通过民主管理,使人民广泛参加国家事务、企事业特别是基层的管理,行使宪法赋予公民的权利;

通过民主监督,使国家各级各类公共事务在人民全过程监督下运行,使人民民主制度在实践中得到全过程落实。

全过程民主各环节彼此贯通,一系列法律和制度安排,全方位、全链条保障人民当家作主。

人民当家作主,落实到国家政治生活和社会生活之中,推进国家治理体系和治理能力现代化——

制定国歌法,修改国旗法、国徽法,维护宪法确立的国家重要象征和标志的尊严；表决通过香港国安法，确保"一国两制"事业行稳致远；对立法法作出重要修改，赋予设区的市地方立法权；修改村民委员会组织法、城市居民委员会组织法，完善基层治理体系；编纂民法典，全方位保护公民民事权利；制定反食品浪费法，为治理"舌尖上的浪费"建章立制……以宪法为核心的中国特色社会主义法律体系不断健全完善，夯实国家长治久安的制度根基。

14亿多人的所思所盼融入国家发展的顶层设计，广大人民、社会各界践行着沉甸甸的"民主"二字。

北京前门草厂四条44号院内的"小院议事厅"，人来人往。

2019年春节前夕，习近平总书记走进"小院议事厅"。来自街道、社区、居民等方面代表，正在这里召开胡同院落提升改造恳谈会。

"'居民的事居民议，居民的事居民定'，有利于增强社区居民的归属感和主人翁意识，提高社区治理和服务的精准化、精细化水平。"习近平总书记说。

从居民有商有量、共同参与胡同治理的"小院议事厅"，到起源自浙江温岭的民主恳谈会；从苏州"协商议事室"各方热烈讨论，到新时代"枫桥经验"借助互联网搭建起干群交流平台……一项项火热的基层民主实践，一个个别具特色的民主形式竞相涌现。

习近平总书记指出："没有民主就没有社会主义，就没有社会主义的现代化，就没有中华民族伟大复兴。"

根植于中国大地与人民的全过程人民民主，在实践的沃土中不断汲取养分，茁壮成长、枝繁叶茂，推动"中国之治"迈上新的台阶。

不断推进中国特色社会主义民主政治制度发展完善，更好发挥政治制度优越性，我们具有无比坚定的制度自信底气，具有无比强大的前进定力，迈向伟大复兴的步伐更加坚实。

人民民主为人民

——全过程人民民主不断拓展以人民为中心的民主政治创新道路和实现方式,为民族复兴伟业凝聚磅礴力量

2020年初,新冠肺炎疫情防控阻击战紧要关头。

"能否借助CT影像技术提高病例筛查效率?"来自抗疫一线医务人员以及专家的意见,引起了全国人大代表杨震的注意。他同全国人大常委会相关部门取得联系,就如何利用人工智能肺部CT技术更加有效筛查病例提出建议。

"承办单位和我及时沟通,详细听取意见,认真研究推动。"在关于这份建议的办理和答复意见表上,杨震郑重写下了"很满意"三个字。

人民是国家的主人,民心是最大的政治。

"民主不是装饰品,不是用来做摆设的,而是要用来解决人民要解决的问题的。"习近平总书记指明中国式民主的价值旨归。

江山就是人民,人民就是江山。人民,是全过程人民民主的出发点,也是落脚点。

中国特色社会主义进入新时代,我国社会主要矛盾发生转化,人民群众对民主、法治、公平、正义、安全、环境等方面的要求日益增长。

党领导人民发展全过程人民民主,把体现人民利益、反映人民愿望、维护人民权益、增进人民福祉落实到民主的各领域各环节全过程,通过各种途径和形式充分保障人民当家作主,不断满足人民对更美好生活的向往。

——倾听人民心声、回应人民期待,好用管用的民主才是真正的民主。

翻开中华人民共和国宪法，总纲第二条中"中华人民共和国的一切权力属于人民"庄重醒目。

权力是否属于人民，关键看人民说话管不管用。

天津市河西区的夜晚，安宁静谧。千余盏新路灯散发温馨光芒，照亮老旧小区和背街里巷。

"好几次出门差点摔了""晚上出门要打手电"……说起两年前的"黑灯瞎火"，河西区玉水园小区的老人们仍记忆深刻。玉水园小区是一处老旧小区，由于物业管理遗留问题，很多路灯坏了以后得不到及时维修。

在广泛征求人民群众意见建议基础上，经过全区人大代表投票表决，新建补建老旧社区路灯项目被列入民生实事项目名录，交由政府组织实施。人大代表和人民群众共同监督，最终推动问题解决。

"灯亮了，老百姓的心也亮了。"玉水园小区居民说。

一句"心也亮了"，折射民主的意义。人民是否享有民主权利，要看人民是否在选举时有投票的权利，也要看人民在日常政治生活中是否有持续参与的权利。

老百姓通过村民、居民、业主代表大会畅所欲言，推动公共事务管理；企事业单位职工代表大会保障职工知情权、参与权、表达权、监督权，有效维护职工利益；电视问政、网络问政推陈出新，让更多群众充分表达诉求和意见……

"民主"与"民心"相通。从身边小事到法律制度，国家大小事务都充分听取百姓意见，由人民共同商议决定。

习近平总书记指出："在中国社会主义制度下，有事好商量，众人的事情由众人商量，找到全社会意愿和要求的最大公约数，是人民民主的真谛。"

2020年10月，全国人大常委会表决通过新修订的未成年人保护法。与草案相比，最终通过的法律删去了对未成年人监护人缴纳保证金的有关规定。

这一修改，来自一名普通中学生的建议。

当年8月，有关方面来到华东政法大学附中征求草案修改意见。初中生李骏豪提出："每个未成年人家庭经济条件不一样，保证金处罚会使困难家庭雪上加霜。"这条建议，最终促成了相关条款的修改。

民主立法、开门立法，让每一项法律制度都充分吸收社会各界意见；政府部门广泛听证、广开言路，让重大行政决策更加顺应民意；各级巡视巡察机构畅通反映问题渠道，把权力置于人民监督之下……人民在广泛参与中充分表达意见，让国家各项制度从设计到运行都能符合最广大人民的期待，维护最广大人民的利益。

"十四五"规划建议起草过程中，我们党在五年规划编制史上首次开展"网络问计"。

上百万条网民意见建议中，一位叫"云帆"的网民留下关于"互助性养老"的建言："在农村人口聚集区域，由政府财政投入建设公共食堂、公共宿舍……形成互助养老模式。"

"云帆"没有想到，这条建议有关内容被列入"十四五"规划建议，最终化为规划纲要的具体举措。

开门问计的过程，也是发扬民主的过程。小到一个社区，大到一个国家，全过程人民民主用更加丰富的民主形式和民主渠道，保障每个人都能通过各种途径和形式参与国家治理和社会治理，为国计民生贡献智慧。

——与亿万人民同心、与时代发展同频，为党和国家长治久安凝聚力量。

2020年6月的一天，全国政协常委会会议现场气氛热烈。

一身彝族服装的四川省政协委员、凉山彝族自治州扶贫开发局局长王永贵以视频连线方式,将脱贫攻坚在基层的最新进展带到了北京。

这是全国政协首次在常委会会议中采用联动协商形式进行讨论,为委员更有效反映基层声音提供更丰富更便捷的渠道。

从最高国家权力机关加开委员长会议充分审议法律草案,到进一步加快基层立法联系点建设架起"立法直通车";从各地设立22万多个代表联络站、代表之家定期接待群众听取意见,到探索民情直通车、民主听证会、民主议政会机制汇聚民声民智……一个个创新的民主形式,一项项生动的民主实践,展现中国式民主的强大生命力。

"中国要飞得高、跑得快,就要汇集和激发14亿人民的磅礴力量。"习近平总书记的殷殷期许,为坚持和发展全过程人民民主注入不竭动力。

发展全过程人民民主,必须毫不动摇坚持中国共产党的领导;

发展全过程人民民主,必须坚定不移走中国特色社会主义政治发展道路;

发展全过程人民民主,必须坚持和完善人民当家作主制度体系。

在以习近平同志为核心的党中央坚强领导下,全过程人民民主必将充分发挥社会主义民主政治优势,为人类政治文明进步贡献中国智慧,为实现第二个百年奋斗目标和中华民族伟大复兴的中国梦筑牢民主基石。

(新华社北京10月12日电 记者杨维汉、罗沙、陈菲、丁小溪、任沁沁)

《人民日报》(2021年10月13日 01版)

不断发展全过程人民民主

——论学习贯彻习近平总书记中央人大工作会议重要讲话

人民日报评论员

人民民主是社会主义的生命。在中央人大工作会议上，习近平总书记站在坚持中国特色社会主义政治发展道路的高度，深入阐述了全过程人民民主的重大理念，强调不断发展全过程人民民主，对继续推进全过程人民民主建设作出重大部署、提出明确要求。

人民民主是中国共产党始终高举的旗帜。党的十八大以来，以习近平同志为核心的党中央深化对民主政治发展规律的认识，提出全过程人民民主的重大理念。2019年11月，习近平总书记视察上海长宁区虹桥街道基层立法联系点，明确提出全过程人民民主的概念。今年建党100周年庆祝大会上，习近平总书记再次强调发展全过程人民民主。全过程人民民主重大理念的提出，丰富和发展了社会主义民主政治理论，集中概括了党领导人民发展社会主义民主特别是党的十八大以来民主政治建设的理论和实践成果，深刻阐明了我国人民民主的鲜明特色和显著优势，为新时代发展社会主义民主政治、建设社会主义政治文明提供了指引和遵循。

中国共产党领导人民实行人民民主，就是支持和保证人民当家作主。支持和保证人民当家作主不是一句口号、不是一句空话，必须落实到国家政治生活和社会生活之中。我国全过程人民民主不仅有完整的制度程序，而且有完整的参与实践。我国实行工人阶级领导的、以工农联盟为基础的人民民主专政的国体，实行人民代表大会制度的政体，实行中国共产党领导的多党合作和政治协商制度、民族区域自治制度、基层群众自治制度等基本政治制度，巩固和发展最广泛的爱国统一战线，形成了全面、广泛、有机衔接的人民当家作主制度体系，构建了多样、畅通、有序的民主渠道。全体人民依法实行民主选举、民主协商、民主决策、民主管理、民主监督，依法通过各种途径和形式管理国家事务，管理经济和文化事业，管理社会事务。正如习近平总书记深刻指出的："我国全过程人民民主实现了过程民主和成果民主、程序民主和实质民主、直接民主和间接民主、人民民主和国家意志相统一，是全链条、全方位、全覆盖的民主，是最广泛、最真实、最管用的社会主义民主。"

人民当家作主是社会主义民主政治的本质和核心，发展社会主义民主政治就是要体现人民意志、保障人民权益、激发人民创造活力，用制度体系保证人民当家作主。习近平总书记强调："我们要继续推进全过程人民民主建设，把人民当家作主具体地、现实地体现到党治国理政的政策措施上来，具体地、现实地体现到党和国家机关各个方面各个层级工作上来，具体地、现实地体现到实现人民对美好生活向往的工作上来。"不断发展全过程人民民主，要坚持和完善人民当家作主制度体系，更好把制度优势转化为治理效能。要坚持以人民为中心，坚持国家一切权力属于人民，支持和保证人民通过人民代表大会行使国家权力，健全民主制度，丰富民主形式，拓宽民主渠道，保证人民平等参与、平等发展权利，发展更加广泛、更加充分、更加健全的全过程人民民主。国家各项工作都要贯彻党的群众路线，密切同人民群众的联系，倾听人民呼声，回应人民期待，不断解决好人民最关心最直接最现实的利益问题，凝聚起最广大人民智慧和力量。

人民代表大会制度是实现我国全过程人民民主的重要制度载体。要在党的领导下，不断扩大人民有序政治参与，加强人权法治保障，保证人民依法享有广泛权利和自由；保证人民依法行使选举权利，民主选举产生人大代表，保证人民的知情权、参与权、表达权、监督权落实到人大工作各方面各环节全过程，确保党和国家在决策、执行、监督落实各个环节都能听到来自人民的声音；完善人大的民主民意表达平台和载体，健全吸纳民意、汇集民智的工作机制，推进人大协商、立法协商，把各方面社情民意统一于最广大人民根本利益之中。

全过程人民民主具有与时俱进的品格，是充满生机活力的社会主义民主。全过程人民民主在我国社会主义民主政治伟大实践中成长，也必将在全面建设社会主义现代化国家新征程中不断发展。前进道路上，在以习近平同志为核心的党中央坚强领导下，不断发展全过程人民民主，把我国社会主义民主政治的特质和优势充分发挥出来，我们就一定能不断巩固和发展生动活泼、安定团结的政治局面，为人类政治文明进步作出充满中国智慧的贡献。

《人民日报》（2021年10月18日　01版）

发展全过程人民民主　彰显中国式民主优势

杨振武

习近平总书记在庆祝中国共产党成立 100 周年大会上的重要讲话中强调："发展全过程人民民主"。这是对我国社会主义民主的新概括、新论断、新要求。2019 年 11 月，习近平总书记在上海虹桥街道考察全国人大常委会法工委基层立法联系点时就深刻指出："我们走的是一条中国特色社会主义政治发展道路，人民民主是一种全过程的民主"。"全过程人民民主"的重要论断生动阐明了我国社会主义民主的特质和优势，是总结我们党百年来为实现和保证人民当家作主不懈奋斗的宝贵经验、丰富和发展马克思主义关于人民民主的思想、不断深化对人类政治文明发展规律认识的重大理论创新成果，为新时代发展社会主义民主政治、建设社会主义政治文明指明了前进方向、提供了根本遵循。

全过程人民民主深深植根于中国大地，凝结着党和人民智慧

人民民主是中国共产党始终高举的旗帜。马克思、恩格斯在《共产党宣言》中指出："工人革命的第一步就是使无产阶级上升为统治阶级，争得民主"。我们党自成立之日起，就以实现人民当家作主和中华民族伟大复兴为己任，团结带领中国人民进行了艰苦卓绝的斗争和艰辛探索。实现和发展人民民主贯穿党百年奋斗的全过程。

我们党坚持把马克思主义基本原理同中国具体实际相结合、同中华优秀传统文化相结合，积极探索实现人民民主的发展道路和制度模式。1945年，毛泽东同志同民主人士黄炎培就跳出历史周期率问题进行了著名的"窑洞对"，鲜明地指出："我们已经找到新路，我们能跳出这周期率。这条新路，就是民主。只有让人民来监督政府，政府才不敢松懈。只有人人起来负责，才不会人亡政息。"我们党团结带领中国人民经过28年浴血奋战，夺取了新民主主义革命胜利。1949年10月1日，中华人民共和国成立，亿万中国人民从此真正成为国家、社会和自己命运的主人。新中国成立后，我们党着力建设中国人民行使当家作主权利的政治制度，实现了中国从几千年封建专制政治向人民民主的伟大飞跃。在改革开放新的历史时期，我们党总结发展社会主义民主正反两方面经验，强调人民民主是社会主义的生命，成功开辟和坚持了中国特色社会主义政治发展道路，为实现最广泛的人民民主确立了正确方向。党的十八大以来，以习近平同志为核心的党中央坚持党的领导、人民当家作主、依法治国有机统一，健全人民当家作主制度体系，发展社会主义民主政治，为党和国家事业取得历史性成就、发生历史性变革提供了重要政治保障。

习近平总书记深刻指出："一个国家民主不民主，要由这个国家的人民来评判，而不能由少数人说了算！"在中国革命、建设、改革长期实践中形成的全过程人民民主，是理论创新、实践创新、制度创新相统一的成果，凝结着党和人民的智慧，深深植根于中国大地，具有深刻的历史逻辑、理论逻辑、实践逻辑。广大中国人民是全过程人民民主的建设者、参与者、维护者和最大受益者，对中国式民主高度认同、坚决拥护、充满信心，也必将在党的领导下推动社会主义民主继续发展、更加成熟。

全过程人民民主保障国家一切权力属于人民，充分实现民主权利

在我国，国家一切权力属于人民。毛泽东同志曾指出："我们的这个社会主义的民主是任何资产阶级国家所不可能有的最广大的民主。"这深刻指出了我国社会主义民主的广泛性。占世界近1/5人口的14亿多中国人民，在自己的国家和社会生活中当家作主，享有广泛的民主权利，实行全面、系统的全过程人民民主，这本身就是对人类政治文明发展的重大贡献。

全过程人民民主保障人民依法实行民主选举、民主协商、民主决策、民主管理、民主监督。我国宪法规定，年满十八周岁的公民，不分民族、种族、性别、职业、家庭出身、宗教信仰、教育程度、财产状况、居住期限，都有选举权和被选举权；但是依照法律被剥夺政治权利的人除外。我国坚持普遍、平等、直接选举和间接选举相结合以及差额选举、秘密投票的原则，依法保障人人享有平等的选举权利，实现城乡按相同人口比例选举人大代表，并保证各地区、各民族、各方面都有适当数量的代表，人口最少的少数民族也有自己的代表。在实践中，超过99%的年满18周岁的中国公民享有民主选举权利；改革开放以来历次直接选举县乡两级人大代表，选民参选率均保持在90%左右，保证了选举结果充分体现最广大人民意愿。协商民主是中国社会主义民主政治中独特的、独有的、独到的民主形式。在党的领导下，人民通过各种途径、各种渠道、各种方式，就改革发展稳定重大问题，特别是事关人民群众切身利益的问题进行广泛协商，找到全社会意愿和要求的最大公约数，体现了人民民主的真谛。民主决策是人民当家作主的重要体现。在我国，党和国家各项决策坚持民主集中制原则，广泛征求和充分听取各方面意见，最大限度吸纳民意、汇集民智、凝聚民力，保证决策科学化民主化。人民广泛、直接参与社会事务管理，实现自我管理、自我服务、自我教育、自我监督。人民依照宪法和法律规定，有权对国家机关和国家工作人员提出批评和建议，有权对国家机关和国家工作人员的违法失职行为提出申诉、控告或者检举。民主选举、民主协商、民主决策、民主管理、民主监督各个环节环环相扣、彼此贯通，实现过程民主和结果民主、形式民主和实质民主、直接民主和间接民主相统一，充分保障人民的知情权、参与权、表达权、监督权，形成全过程人民民主的完整链条。

党和国家制定实施国民经济和社会发展五年规划是全过程人民民主的生动体现。在党中央制定关于国民经济和社会发展第十四个五年规划和二〇三五年远景目标的建议过程中，习近平总书记多次深入地方考察调研，主持召开7场座谈会，广泛听取各领域各阶层人士意见建议。全国人大常委会围绕编制"十四五"规划纲要开展专题调研，形成22份专题调研报告。中央有关部门首次通过互联网就"十四五"规划编制向全社会征求意见和建议，收到人民群众建言101.8万条，把人民呼声充分体现到党中央文件中。规划纲要草案提请十三届全国人大四次会议审议后，根据全国人大代表、全国政协委员的意见，作出了55处修改。规划纲要通过后，各国家机关认真实施，调动全体人民的积极性主动性创造性，确保各项目标任务落到实处。通过全过程人民民主，把党的主张和人民的意愿统一起来，保证了我国发展始终为了人民、依靠人民，发展成果由人民共享。

习近平总书记指出:"人民是否享有民主权利,要看人民是否在选举时有投票的权利,也要看人民在日常政治生活中是否有持续参与的权利;要看人民有没有进行民主选举的权利,也要看人民有没有进行民主决策、民主管理、民主监督的权利。""保证和支持人民当家作主,通过依法选举、让人民的代表来参与国家生活和社会生活的管理是十分重要的,通过选举以外的制度和方式让人民参与国家生活和社会生活的管理也是十分重要的。"通过全过程人民民主,人民的主体地位生动、具体体现在国家政治生活和社会生活的全过程、各环节,切实防止出现选举时漫天许诺、选举后无人过问的现象,切实防止出现人民形式上有权、实际上无权的现象。

全过程人民民主有着完整的制度体系,有力支撑民主实践

保证和支持人民当家作主不是一句口号,不是一句空话,必须通过一定的制度予以体现和保障。中国共产党坚持人民主体地位,从我国国情和实际出发,建立起以人民代表大会制度这一根本政治制度、中国共产党领导的多党合作和政治协商制度、民族区域自治制度、基层群众自治制度等为主要内容的人民当家作主制度体系,为维护最广大人民根本利益奠定了坚实制度基础。

人民代表大会制度是符合中国国情和实际、体现社会主义国家性质、保证人民当家作主、保障实现中华民族伟大复兴的好制度。人民行使国家权力的机关是全国人民代表大会和地方各级人民代表大会。各级人大都由民主选举产生,对人民负责、受人民监督;各级国家机关都由人大产生,对人大负责、受人大监督;各级人大代表忠实代表人民利益和意志,依法参加行使国家权力。中国共产党

领导的多党合作和政治协商制度是从中国土壤中生长出来的新型政党制度，以共产党领导、多党派合作，共产党执政、多党派参政为基本特征，实现了执政与参政、领导与合作、协商与监督的有机统一，体现了社会主义民主的本质要求，在内容上体现了人民的权利诉求，在程序上体现了人民当家作主。民族区域自治制度坚持在国家统一领导下，各少数民族聚居的地方实行区域自治，设立自治机关，行使自治权；国家保障少数民族公民享有平等自由权利以及经济、社会、文化权利，帮助各少数民族地区加速经济和文化发展，既保证了国家团结统一，又实现了各民族共同当家作主。基层群众自治制度保障人民在党的领导下，通过以村民委员会为组织形态的农村村民自治、以城市居民委员会为组织形态的城市居民自治、以职工代表大会为组织依托的企事业单位职工自治等多种形式，直接行使民主选举、民主协商、民主决策、民主管理、民主监督的权利，形成了广泛、生动的基层民主实践，提升了基层社会治理实效，促进了社会和谐稳定。

以宪法为核心的中国特色社会主义法律体系为全过程人民民主提供了坚实的法律制度保障。我国宪法是人民的宪法，全面系统地规定了公民的基本权利和义务，宪法确立的各项制度和大政方针都体现了人民当家作主，都是为了实现好、维护好、发展好最广大人民根本利益。改革开放以来，我国制定了一系列保障和发展公民政治、经济、社会、文化、环境等各方面权利权益的法律法规，以完备的法律制度保障人民民主、增进人民福祉。2021年3月，十三届全国人大四次会议对全国人大组织法和全国人大议事规则作出修改，将坚持全过程民主写入全国人大组织法，从制度的实际运行上保证全国人大及其常委会始终同人民保持密切联系，更好发挥人民代表大会的主要民主渠道作用。

人民当家作主制度体系是中国共产党和中国人民的伟大创造，为全过程人民民主提供了完整的制度程序，有力保障人民当家作主具体地、现实地体现到中国共产党执政和国家治理上来，具体地、现实地体现到中国共产党和国家机关各个方面、各个层级的工作上来，具体地、现实地体现到人民对自身利益的实现和发展上来。

全过程人民民主有效维护和发展人民根本利益，真正解决中国问题

民主不是装饰品，不是用来做摆设的，而是要用来解决人民要解决的问题的。从新中国成立到改革开放，再到党的十八大以来，我们党始终坚持人民当家作主，发展全过程人民民主，密切联系群众，紧紧依靠人民推动国家发展，创造了经济快速发展和社会长期稳定"两大奇迹"，充分彰显了中国式民主的巨大功效。

全过程人民民主有效体现人民意志、保障人民权益、激发人民创造活力，动员和凝聚全体人民以国家主人翁的地位投身社会主义现代化建设。 在中国共产党领导下，全国各族人民团结一心，艰苦奋斗，集中力量办大事。我国用几十年时间走完了发达国家几百年走过的工业化历程，跃升为世界第二大经济体，综合国力、科技实力、国防实力、文化影响力、国际影响力显著提升，人民生活显著改善。我们实现了第一个百年奋斗目标，全面建成了小康社会，历史性地解决了绝对贫困问题，意气风发迈上全面建成社会主义现代化强国的新征程。

全过程人民民主有效调节国家政治关系，保证国家政治生活既充满活力又安定有序。 我们党坚定不移发展社会主义民主政治，人民享有充分的权利和自由，广泛参加国家治理和社会治理，我国的

政党关系、民族关系、宗教关系、阶层关系、海内外同胞关系充满活力,民族凝聚力不断增强,形成了安定团结的政治局面,有效维护了国家统一和民族团结,有力维护了国家主权、安全、发展利益。

全过程人民民主坚持党的领导、人民当家作主、依法治国有机统一,形成了国家治理的强大合力。在我国政治生活中,党是居于领导地位的,党集中统一领导,支持人大、政府、政协和监委、法院、检察院依法依章程履行职能、开展工作、发挥作用。国家机构实行民主集中制原则。在党的领导下,各国家机关是一个统一整体,既合理分工、又密切协作,既充分发扬民主、又有效进行集中,统一高效组织各项事业。全过程人民民主实现了民主与集中、民主与效率、民主与法治的统一,确保党领导人民依法有效治理国家。

习近平总书记指出:"评价一个国家政治制度是不是民主的、有效的,主要看国家领导层能否依法有序更替,全体人民能否依法管理国家事务和社会事务、管理经济和文化事业,人民群众能否畅通表达利益要求,社会各方面能否有效参与国家政治生活,国家决策能否实现科学化、民主化,各方面人才能否通过公平竞争进入国家领导和管理体系,执政党能否依照宪法法律规定实现对国家事务的领导,权力运用能否得到有效制约和监督。"对照这个评价标准,我们可以自信地说,我国的全过程人民民主有效、管用,是符合中国实际、解决中国问题的民主!

全过程人民民主具有无比广阔的发展空间,焕发强大生机活力

全过程人民民主具有与时俱进的品格,是充满生机活力的民主。全过程人民民主在我国社会主义民主政治伟大实践中成长,也必将

在全面建设社会主义现代化国家新征程中不断发展。

发展全过程人民民主，必须毫不动摇坚持中国共产党的领导。江山就是人民、人民就是江山，我们党打江山、守江山，守的是人民的心。我们党始终代表最广大人民根本利益，与人民休戚与共、生死相依，没有任何自己特殊的利益，从来不代表任何利益集团、任何权势团体、任何特权阶层的利益，这决定了党的领导是人民当家作主的根本保证。要坚持党的全面领导特别是党中央集中统一领导，确保党总揽全局、协调各方，始终成为中国特色社会主义事业的坚强领导核心。

发展全过程人民民主，必须坚定不移走中国特色社会主义政治发展道路。民主是全人类共同价值，各国人民有权选择自己的民主政治发展道路和制度模式。中国特色社会主义政治发展道路，是符合中国国情、保证人民当家作主的正确道路。我们坚定对中国特色社会主义制度的自信，很重要的一条，就是要坚定对中国式民主的自信，增强走中国特色社会主义政治发展道路的信心和决心。要借鉴人类政治文明有益成果，但绝不照搬西方政治制度模式，绝不放弃我国社会主义政治制度的根本。

发展全过程人民民主，必须坚持和完善人民当家作主制度体系。发展社会主义民主政治，要用制度体系保证人民当家作主，健全民主制度，丰富民主形式，拓宽民主渠道。紧紧围绕推进国家治理体系和治理能力现代化，长期坚持、全面贯彻、不断发展人民代表大会制度、中国共产党领导的多党合作和政治协商制度、民族区域自治制度、基层群众自治制度，巩固和发展最广泛的爱国统一战线，把制度优势更好转化为治理效能，确保人民把国家和民族的前途命运牢牢掌握在自己手中。

习近平总书记指出："走自己的路，是党的全部理论和实践立足点，更是党百年奋斗得出的历史结论。"今天，站立在960多万平方公里的广袤土地上，吸吮着5000多年中华民族漫长奋斗积累的文化养分，拥有14亿多中国人民聚合的磅礴之力，我们走自己的路，具有无比广阔的时代舞台，具有无比深厚的历史底蕴，具有无比强大的前进定力。在党的坚强领导下，中国人民完全有信心、有能力把我国社会主义民主政治的特质和优势充分发挥出来，以发展全过程人民民主的新成就为人类政治文明进步作出充满中国智慧的贡献！

《人民日报》（2021年08月04日 09版）

发展全过程人民民主　更好汇聚起人民力量

中国社会科学院习近平新时代中国特色社会主义思想研究中心

人民是历史的创造者,是决定党和国家前途命运的根本力量。习近平总书记在庆祝中国共产党成立100周年大会上的重要讲话中强调:"尊重人民首创精神,践行以人民为中心的发展思想,发展全过程人民民主"。习近平总书记关于发展全过程人民民主的重要论述,阐明了我国社会主义民主的特质和优势,进一步丰富和发展了习近平新时代中国特色社会主义思想。发展全过程人民民主对于坚持和完善人民当家作主制度体系,坚定不移走中国特色社会主义政治发展道路,继续推进社会主义民主政治建设、发展社会主义政治文明,进而全面建设社会主义现代化国家,都具有重大理论意义和现实意义。

扎根本国土壤的民主

民主是全人类的共同价值,但不同国家的社会政治条件、历史文化传统不同,实现民主的具体道路也不相同。"物之不齐,物之情也。"世界上没有完全相同的政治制度模式,一个国家实行什么样的政治制度,走什么样的政治发展道路,必须与这个国家的国情和性质相适应。习近平总书记指出："通向幸福的道路不尽相同，各国人民有权选择自己的发展道路和制度模式，这本身就是人民幸福的应有之义。民主同样是各国人民的权利，而不是少数国家的专利。实现民主有多种方式，不可能千篇一律。"全过程人民民主植根于中华文化沃土，孕育形成于中国共产党团结带领中国人民进行革命、建设、改革的伟大实践，展现了中国人民在政治制度上的伟大创造，符合近代以来中国人民长期奋斗的历史逻辑、理论逻辑、实践逻辑，充分反映了中国人民意愿，适应中国和时代发展进步要求，在推进国家治理体系和治理能力现代化中展现出独特优势，为人类政治文明进步作出了重大贡献。

经过长期探索，我们党团结带领人民逐步构建起一整套保障和支持人民当家作主的制度体系。人民代表大会制度是我国的根本政治制度，人民通过人民代表大会制度行使国家权力。中国共产党领导的多党合作和政治协商制度是从中国土壤中生长出来的新型政党制度，在凝聚共识、优化决策、协调关系、维护稳定等方面发挥了独特作用。民族区域自治制度保证了国家团结统一，实现了各民族共同当家作主。基层群众自治制度是人民当家作主制度体系的重要组成部分，是群众自我管理、自我服务、自我教育、自我监督的制度创造。在前进道路上，我们必须坚定不移走中国特色社会主义政治发展道路，坚定不移坚持和完善人民当家作主制度体系。

具有显著优势的民主

全过程人民民主体现了社会主义民主政治的鲜明特点。人民民主是社会主义的生命。没有民主就没有社会主义，就没有社会主义的现代化，就没有中华民族伟大复兴。社会主义愈发展，民主也愈发展。全过程人民民主坚持人民至上，紧紧依靠人民，不断造福人民。全过程人民民主通过完整的制度程序和完整的参与实践，保证国体、政体以及其他一切治国理政活动都充分体现人民当家作主的要求，使人民真正成为国家的主人，享有充分民主权利。这种民主形式可以充分调动人民积极性，不断增强党和国家活力，推动政党关系、民族关系、宗教关系、阶层关系和海内外同胞关系更加和谐，增强民族凝聚力。全过程人民民主深深植根于人民之中，有着深厚的历史渊源和坚实的现实基础，赢得了人民群众的衷心拥护，在实践中焕发出勃勃生机和强大活力。

全过程人民民主具有多方面的显著优势。全过程人民民主通过依法实行民主选举、民主协商、民主决策、民主管理、民主监督，确保人民依法通过各种途径和形式管理国家事务、管理经济文化事业、管理社会事务，使各方面制度和国家治理更好体现人民意志、保障人民权益、激发人民创造活力。全过程人民民主通过一系列行之有效的制度安排和活动规范，真正将民主各个环节彼此贯通起来，是全链条、全方位、全覆盖的民主，是最广泛、最真实、最管用的民主，实现了过程民主和结果民主、形式民主和实质民主、直接民主和间接民主相统一，能够切实防止出现选举时漫天许诺、选举后无人过问的现象，切实防止出现人民形式上有权、实际上无权的现象。全过程人民民主既有科学的指导思想，又有严谨的制度安排；既有明确的价值取向，又有有效的实现形式；既能找到全社会意愿和要求的最大公约数，集中力量办大事，促进现代化建设各项事业发展，有效推动物质文明、政治文明、精神文明、社会文明、生态文明协调发展，又能协调增进人民经济、政治、文化、社会、生态等各方面权利，真正把人民当家作主具体地、现实地体现到人民对自身利益的实现和发展上来。

不断与时俱进的民主

中国特色社会主义进入新时代，我国社会主要矛盾发生转化。人民对美好生活的向往更加强烈，不仅对物质文化生活提出了更高要求，而且在民主、法治等方面的要求日益增长。全过程人民民主通过不断健全民主制度、丰富民主形式、拓宽民主渠道，更好满足人民日益增长的民主需要。比如，党的十八大以来，通过建立基层立法联系点这一制度创新举措，全国人大搭建起了反映民情、倾听民意、汇聚民智的"直通车"。截至2021年6月，各立法联系点对109部法律草案、立法工作计划等提出近6600条意见建议。国家立法机关与人民群众互动沟通越来越便捷高效，人民群众依法有序参与立法工作的积极性主动性日益提高，在立法工作中体现了生动的全过程人民民主。与此同时，基层民主实践也更加广泛、生动。村民理事会、村民监事会、村民议事会、居民议事会等一系列丰富多样的基层民主形式在城乡社区蓬勃生长，电视问政、广播问政、党报问政、网络问政等一系列充满时代气息的基层民主渠道不断拓宽。全过程人民民主在实践中日益丰富发展。

发展全过程人民民主，必须坚持党的领导、人民当家作主、依法治国有机统一。中国共产党领导是中国特色社会主义最本质的特征，是中国特色社会主义制度的最大优势。我们坚持和完善党的领导制度体系，坚持和完善维护党中央权威和集中统一领导的各项制度，党的全面领导制度，为人民执政、靠人民执政各项制度，提高党的执政能力和领导水平制度，全面从严治党制度等。中国共产党始终代表最广大人民根本利益，全心全意为人民服务，不断坚持和完善人民当家作主制度体系，把全面依法治国摆在全局性、战略性、基础性、保障性位置。党的领导为人民当家作主和依法治国提供了根本保证。人民代表大会制度体现社会主义国家性质,符合中国国情和实际。坚持人民当家作主,必须坚持人民代表大会制度,确保人民通过这一制度把国家和民族的前途命运牢牢掌握在自己手中。深入推进全面依法治国,坚持和完善中国特色社会主义法治体系,加快建设社会主义法治国家,实现人民当家作主制度化、规范化、程序化,为人民当家作主提供更加坚实的法律保障。党的领导、人民当家作主、依法治国有机统一于我国社会主义民主政治伟大实践。

历史照亮未来,征程未有穷期。迈进新征程,奋进新时代,我们发展全过程人民民主,必将更加广泛地汇聚起实现中华民族伟大复兴的磅礴力量,为人类政治文明发展贡献更多中国智慧和中国方案。

(执笔:张树华)

《人民日报》(2021年08月20日 12版)

发展全过程人民民主

刘乐明

在庆祝中国共产党成立 100 周年大会上，习近平总书记强调要"发展全过程人民民主"。全过程民主是习近平总书记对中国特色社会主义民主实践的高度肯定与全新概括，深化与发展全过程人民民主是新时代的必然要求。

新中国成立后，中国共产党领导中国人民，探索并不断丰富人民民主的实践形式。纵观 70 多年的发展历程，人民民主实则是一种全过程的民主，让民主选举、民主协商、民主决策、民主管理、民主监督各个环节彼此贯通起来，是最广泛、最真实、最管用的民主。结合人民民主的理论与实践，可以从过程、层级以及领域三个层面理解全过程民主的丰富内涵。

从过程来看，全过程民主利用丰富多样的民主形式，实现了民主过程的全覆盖。具体来看，一是，全过程民主避免了西方民主两次选举间存在的民主空档期，实现了人民民主的全周期；二是，全过程民主强调公民参与公共政策决策的全过程，即在决策前、决策中与决策后都强调公民参与的重要性；三是，全过程民主贯穿了从选举、决策、管理到监督的全过程，也就是实现了民主选举、民主协商、民主决策、民主管理与民主监督的完整闭环链，使得民主成为一个有机的系统。

/ 何为全过程人民民主 /

从层级来看，各层级都在积极探索全过程民主的实践形式。党内民主生活会、每年召开的人大会议与政协会议、适当增加基层人大代表数量、政协"双周座谈会"等构成了丰富的民主实践形式，成效颇为显著。就基层而言，基层立法联系点、村委会与居委会的协商议事会以及各类基层自治组织等，丰富了基层人民民主的实践形式，并充分保障了基层群众自我管理的权利。

从领域来看，全过程民主实现了经济、政治、文化、社会与生态文明等议题或范围的全覆盖。人民民主所关注与应对的问题并不局限于某个单一领域，经济发展、社会治理、老百姓急难愁盼问题等都可以纳入民主议事日程。以人民代表大会为例，各级人大不仅要求人大代表结构有广泛的代表性，还要求代表履职范围具有广泛的代表性。显然，不论是代表结构还是履职范围，都能提升人大代表关注议题的广泛性。

习近平总书记强调："我们走的是一条中国特色社会主义政治发展道路，人民民主是一种全过程的民主，所有的重大立法决策都是依照程序、经过民主酝酿，通过科学决策、民主决策产生的。"全过程民主构成了一个立体的民主结构体系，接下来应该进一步丰富完善，不断深化与发展全过程人民民主。

《人民日报》（2021 年 08 月 26 日　07 版）

把全过程人民民主贯穿立法全过程

张　龑

习近平总书记在庆祝中国共产党成立100周年大会上的重要讲话中强调："发展全过程人民民主"。2019年，习近平总书记在上海虹桥街道考察全国人大常委会法工委基层立法联系点时指出："人民民主是一种全过程的民主，所有的重大立法决策都是依照程序、经过民主酝酿，通过科学决策、民主决策产生的。"今年，党中央印发《法治中国建设规划（2020—2025年）》，提出坚定不移走中国特色社会主义法治道路，奋力建设良法善治的法治中国。良法是善治之前提，立法是法治的"最先一公里"。在立法工作中，我们坚持全过程人民民主，完善制度机制，深入推进开门立法、民主立法，确保立法更好体现人民意志、保障人民权益、激发人民创造活力，夯实良法善治的基石。

坚持以人民为中心。人民是决定党和国家前途命运的根本力量。全过程人民民主最广泛、最深厚的基础在人民，为了人民、依靠人民是其显著特征。在立法工作中坚持全过程人民民主，必须始终坚持以人民为中心，尊重人民主体地位。坚持把体现人民利益、反映人民愿望、维护人民权益、增进人民福祉落实到立法工作各领域全过程。积极回应人民群众新要求新期待，系统研究解决立法工作中人民群众反映强烈的突出问题，不断增强人民群众获得感、幸福感、安全感，用高质量立法保障人民安居乐业。

密切人大代表同人民群众的联系。在我国，人民通过民主选举产生自己的代表，组成各级人民代表大会，统一行使国家权力。我国依据普遍、平等、直接选举和间接选举相结合以及差额选举、秘密投票的原则，依法保障人人享有平等的选举权利。实现城乡按相同人口比例选举人大代表，并保证各地区、各民族、各方面都有适当数量的代表。我国在立法工作中坚持全过程人民民主，切实保障人民的选举权和被选举权，切实保障人民对代表的监督权。人大代表与人民群众始终保持密切联系，沟通联系的平台和渠道越来越多、制度越来越完善，不断听取人民群众的意见和建议，从而使立法充分反映人民意愿、充分实现人民权利、充分保障人民权益。

保障人大代表充分参与。充分发挥全过程人民民主的制度优势，保障人大代表充分参与立法，发挥人大代表来自人民、植根人民的桥梁纽带作用，从而让立法更好地接地气、察民情、聚民智、惠民生。全国人大切实保障人大代表充分了解和高质量审议法律案，直接参与行使国家立法权。深入研究代表议案建议，坚持统筹人大代表议案建议办理与立法规划计划编制，及时把人民群众关心关切的事项提上立法日程。密切人大常委会同人大代表的联系，推动人大代表深度参与人大常委会立法工作。人大代表全过程参与立法，成为实践全过程人民民主的重要渠道，提高了立法的科学化、民主化水平。

拓展民主立法渠道。创新立法方式、改进工作举措，扩大人民群众对立法工作全过程、各环节的参与，是全过程人民民主在立法工作中的生动体现。党的十八大以来，全国人大常委会出台一系列重要举措，确保立法工作的立项、起草、审议、论证、评估、监督和宣传等各个环节都能广泛汇聚民智、充分发扬民主。特别是建立基层立法联系点这一创新举措,搭建起反映民情、倾听民意、汇聚民智的"直通车",强化了基层群众对立法工作的直接有序参与。国家立法机关与人民群众互动沟通越来越便捷高效,有效推动立法质量不断提高。

《人民日报》(2021年08月31日 09版)

发展全过程人民民主
加强和改进新时代立法工作

全国人大常委会法制工作委员会

习近平总书记在中央人大工作会议上的重要讲话,深刻回答新时代发展中国特色社会主义民主政治、坚持和完善人民代表大会制度的一系列重大理论和实践问题,丰富和拓展了中国特色社会主义民主政治和人民代表大会制度的政治内涵、理论内涵、实践内涵,是一篇充满马克思主义真理力量的纲领性文献。习近平总书记系统阐述全过程人民民主这一重大理念,强调必须坚持用制度体系保障人民当家作主,指出人民代表大会制度是实现我国全过程人民民主的重要制度载体。新征程上,加强和改进新时代立法工作,必须深入学习贯彻习近平总书记关于发展全过程人民民主的重要论述,坚持人民主体地位,坚持立法为了人民、依靠人民、造福人民、保护人民,在确保质量的前提下加快立法工作步伐,为推进国家治理体系和治理能力现代化、全面建设社会主义现代化国家提供有力法治保障。

必须全面贯彻和体现全过程人民民主的本质要求

习近平总书记指出:"我国全过程人民民主不仅有完整的制度程

序，而且有完整的参与实践。我国全过程人民民主实现了过程民主和成果民主、程序民主和实质民主、直接民主和间接民主、人民民主和国家意志相统一，是全链条、全方位、全覆盖的民主，是最广泛、最真实、最管用的社会主义民主。"法律是党的主张和人民意志的高度统一，必须把发展全过程人民民主要求贯彻到立法各环节，使立法活动和立法工作成为践行和体现全过程人民民主的生动实践。

体现人民意志、保障人民权益、激发人民创造活力，是新时代立法工作和法治建设的根本目的。全面依法治国最广泛、最深厚的基础是人民，必须把实现好、维护好、发展好最广大人民根本利益贯穿始终。我国宪法确立了国家一切权力属于人民的基本原则，规定了政治权利、人身权利、经济社会文化权利等公民基本权利；通过一系列法律和制度安排，将民主选举、民主协商、民主决策、民主管理、民主监督各个环节贯通起来，保证人民依法通过各种途径和形式管理国家事务、管理经济和文化事业、管理社会事务，确保人民当家作主具体地、现实地落实到国家政治生活和社会生活之中。立法工作和法治建设必须坚持以人民为中心，体现人民利益、反映人民愿望、维护人民权益、增进人民福祉，激发全体人民积极性、主动性、创造性，为实现美好生活而努力，为民族复兴而奋斗。

坚持和拓展人民群众参与立法、表达诉求的途径和方式，是新时代立法工作和法治建设的重要基础。我国全过程人民民主既保证人民在选举时有投票的权利，也保证人民在日常政治生活中有广泛参与的权利。扩大人民有序参与立法，就是践行全过程人民民主的鲜活实践。从征集立法项目、编制立法规划计划到拟订法律草案，从法律案提请审议、修改完善到宣传解读，都通过座谈会、论证会、评估会、书面、网上等方式听取意见建议。党的十八大以来，共有190多件次法律草案向社会公开征求意见，约110万人次提出了300

多万条意见建议，我们都认真研究采纳并作出反馈。设立基层立法联系点，是深化民主立法、开门立法的一项创新举措。目前，全国人大常委会法工委在全国设有 20 多个基层立法联系点，辐射带动地方人大设立立法联系点 4700 多个，发挥了民意"直通车"的重要作用。通过不断完善民主立法的方式和机制，更加广泛地凝聚立法共识，进一步夯实立法的实践基础和民意基础。

维护和促进社会公平正义，是新时代立法工作和法治建设的价值追求。立法是为国家定规矩、为社会定方圆的神圣工作，必须牢牢把握公平、公正原则，健全社会公平正义法治保障制度。要妥善调整和处理各种社会关系、利益关系，既充分体现最广大人民根本利益，又统筹兼顾不同方面群众具体利益，营造更加公平正义的社会环境。比如，民法典调整规范自然人、法人等民事主体之间的人身关系和财产关系，就体现了对生命健康、财产安全、交易便利、生活幸福、人格尊严等各方面权利的平等保护。这些年来，我们坚持立良善之法、立管用之法，充分发挥立法在平衡、调整、规范各种利益关系方面的重要作用，努力让人民群众在每一项法律制度中都感受到公平正义。

必须充分发挥全过程人民民主的制度优势

人民民主是社会主义的生命，是中国共产党始终高举的旗帜。一百年来，我们党领导人民艰辛探索、不懈奋斗，走出了一条具有鲜明中国特色的政治发展道路，形成了保证和支持人民当家作主的制度体系，为发展全过程人民民主指明了方向、提供了保障。坚持党的领导、人民当家作主、依法治国有机统一，是我国社会主义政治制度的鲜明特色、显著优势。贯彻发展全过程人民民主要求，做好新时代立法工作，必须坚持三者有机统一，确保党领导人民依法有效治理国家。

加强党对立法工作的集中统一领导。党的领导是发展全过程人民民主、推进社会主义法治建设的最大政治优势和最根本保证。做好新时代立法工作，必须坚持党的领导这一最高政治原则，以习近平新时代中国特色社会主义思想为指导，学懂弄通做实习近平法治思想，增强"四个意识"、坚定"四个自信"、做到"两个维护"，推进党的领导制度化、法治化，确保党总揽全局、协调各方。2018年通过的宪法修正案，将"中国共产党领导是中国特色社会主义最本质的特征"载入总纲，以根本法巩固党的长期执政地位、强化党的领导权威。上世纪90年代以来，党中央先后批准6个全国人大常委会五年立法规划；每年研究重大立法事项和立法中的重要问题，为形成并不断完善中国特色社会主义法律体系提供了政治保证。在立法工作中，坚持党的领导同反映人民意愿、维护人民利益是完全一致的。全国人大及其常委会坚持把完成党中央交付的立法任务、贯彻党中央决策部署作为重中之重，充分发挥在立法工作中的主导作用，确保党的主张通过法定程序成为国家意志和人民共同行动。

充分发挥人民代表大会制度这一根本政治制度的作用。人民代表大会制度是人民当家作主的重要途径和最高实现形式，在制度设计和安排上，充分贯彻和体现了实行人民当家作主、发展全过程人民民主的要求。我国实行统一的、分层次的立法体制，要完善党委领导、人大主导、政府依托、各方参与的立法工作格局，形成提高立法质量、完善法律体系的整体合力。充分发挥人大代表在发展全过程人民民主中的重要作用，做到民有所呼、我有所应。全国人民代表大会连续7年审议重要法律案，保证代表直接参加行使国家立法权；全国人大常委会、各专门委员会发挥代表来自人民、扎根人民的特点优势，认真研究代表议案、建议涉及的立法事项，邀请代表参与立法调研、论证、评估等工作，重要法律草案印送每位全国人大代表征求意见，使立法更接地气、察民情、聚民智、惠民生。

坚持全面依法治国。发展社会主义民主，必须健全社会主义法治，用法治保障人民当家作主，用法治保障人民权益、增进民生福祉。近年来，国家制定并推动实施一系列推进全过程人民民主建设的法律制度，保证人民知情权、参与权、表达权、监督权，为发展全过程人民民主提供了稳定、可靠的法治保障。新修改的全国人大组织法，增加规定全国人大及其常委会"坚持全过程民主"、全国人大代表"充分发挥在全过程民主中的作用"，以这一重大理念引领新时代立法实践。党的十九大报告将依法立法与科学立法、民主立法并列，作为提高立法质量和效率的有效途径。坚持依法立法，关键在于依照法定权限和程序立法，不断提高规范化、科学化、法治化水平，这是立法活动和立法工作实现全过程人民民主的制度保障。

为全面建设社会主义现代化国家提供有力法治保障

习近平总书记强调："民主不是装饰品，不是用来做摆设的，而是要用来解决人民需要解决的问题的。"发展全过程人民民主，就是坚持人民主体地位、践行党的初心和使命。一百年来，我们党团结带领中国人民进行的一切奋斗、一切牺牲、一切创造，归结起来就是一个主题：实现中华民族伟大复兴。发展全过程人民民主，做好新时代立法工作，必须更好助力经济社会发展和改革攻坚任务落实，为实现第二个百年奋斗目标、实现中华民族伟大复兴提供法治保障。

以高质量立法保障和促进改革发展稳定。新形势下，人民群众对立法的期盼已经不是有没有，而是好不好、管用不管用、能不能解决实际问题。这就要求立法工作和法治建设紧跟党中央重大决策部署，紧贴人民群众美好生活需要，紧扣推进国家治理体系和治理能力现代化的需求，在提高精细化、精准度、实效性上下功夫，做到立一件成一件，为改革发展稳定筑牢法治根基。特别是在关系群众切身利益的教育、医疗、就业、住房、社保、收入分配、食品安全、生态环境等领域，要在提高质量的前提下加快立法修法步伐，通过法治增强人民群众获得感、幸福感、安全感。

加快完善以宪法为核心的中国特色社会主义法律体系。改革开放40多年来，在党中央坚强领导下，经过各方面共同努力，一个以宪法为核心，以宪法相关法、民法商法、行政法、经济法、社会法、刑法、诉讼与非诉讼程序法等多个法律部门的法律为主干，由法律、行政法规、监察法规、地方性法规等多个层级的法律规范构成的中国特色社会主义法律体系已经形成并不断完善发展。截至2021年9月底，我国现行有效的法律286件、行政法规600余件、监察法规1件、地方性法规1.2万余件。新征程上，立足新发展阶段、贯彻新发展理念、构建新发展格局、推动高质量发展，需要有效发挥法治固根本、稳预期、利长远的保障作用。在立法工作和法治建设中，必须牢固树立系统观念，增强前瞻性、战略性、统筹性、协调性，把改革发展决策同立法决策更好结合起来，加强重点领域、新兴领域、涉外领域立法，坚持立改废释纂并举，使法律体系更加科学完备、统一权威，用制度体系保证人民当家作主、坚持和发展全过程人民民主。

不断增强法律的针对性、适用性、可操作性。当前，社会利益关系错综复杂，各类矛盾风险交织叠加，各方立法需求层出不穷，对立法内容、形式、效率提出新的更高要求。只要是健全国家治理急需的、满足人民日益增长的美好生活需要必备的法律制度，就及时跟进研究，坚持急用先行，抓紧填补空白点、补强薄弱点。同时，注重丰富立法形式。比如，编纂民法典，将分散在单行法中的民事法律规范编订纂修、综合集成，这在新中国法治建设史上具有里程碑意义。反食品浪费法等"小切口"立法，聚焦突出问题"对症下药"，需要几条就定几条，使立法更细、更准、更实。在立法工作中，既可以搞一些基础性强、法典化的"大块头"，发挥法律制度的体系化、集成化功效；也要搞一些针对性强、简洁的"小快灵"，凸显立法的问题导向，确保可操作可执行。

维护国家法治统一、尊严、权威。我国是单一制国家，维护国家法治统一，就是维护国家统一、民族团结、社会稳定。切实尊崇宪法、严格实施宪法，是维护国家法治统一的根本要求。必须坚持"依宪立法""依法立法"，保证法律法规等符合宪法规定、原则和精神，保证下位法不抵触上位法，确保法律体系内部相互衔接、和谐统一。近几年，全国人大常委会加强对宪法法律实施的监督，健全完善相关工作机制和程序，深入推进合宪性审查工作，加强备案审查制度和能力建设，依法撤销和纠正违反宪法法律的规范性文件。党的十八大以来，收到制定机关报送备案的规范性文件1万余件、公民和组织提出的审查建议1.4万余件，在严格审查的基础上提出处理意见，回应群众反映强烈的突出问题。

发展全过程人民民主，是中国式民主的制度设计、道路选择。做好新时代立法工作，必须准确领会、深入贯彻习近平总书记关于中国特色社会主义政治建设的重要论述，以生动鲜活的立法实践书写发展全过程人民民主的新篇章。

《人民日报》（2021年10月26日　09版）

发展全过程人民民主　更好发挥人大制度优势

全国人大常委会机关党组

习近平总书记在中央人大工作会议上发表重要讲话,从完善和发展中国特色社会主义制度、推进国家治理体系和治理能力现代化的战略高度,深刻回答了新时代发展中国特色社会主义民主政治、坚持和完善人民代表大会制度的一系列重大理论和实践问题,丰富和发展了马克思主义国家学说和社会主义民主政治理论,是一篇充满马克思主义真理力量的纲领性文献。学习贯彻习近平总书记重要讲话和会议精神,是当前和今后一个时期的重大政治任务,对于深刻理解中国特色社会主义民主政治、我国根本政治制度的本质特征和优势功效,在新时代坚持好完善好贯彻好人民代表大会制度,推进全过程人民民主建设,具有十分重要的意义。

深刻理解民主是全人类的共同价值,是中国共产党和中国人民始终不渝坚持的重要理念

党的十八大以来,习近平总书记围绕什么是民主、如何评判民主等作出一系列重要论述。2014 年,习近平总书记在庆祝全国人民代表大会成立 60 周年大会上发表重要讲话,鲜明提出评价一个国家政治制度是不是民主的、有效的"八个能否"标准，即国家领导层能否依法有序更替，全体人民能否依法管理国家事务和社会事务、管理经济和文化事业，人民群众能否畅通表达利益要求，社会各方面能否有效参与国家政治生活，国家决策能否实现科学化、民主化，各方面人才能否通过公平竞争进入国家领导和管理体系，执政党能否依照宪法法律规定实现对国家事务的领导，权力运用能否得到有效制约和监督。在中央人大工作会议上，习近平总书记再次强调了"八个能否"的标准，并创造性地提出一个国家民主不民主"四个要看、四个更要看"的标准，即要看人民有没有投票权，更要看人民有没有广泛参与权；要看人民在选举过程中得到了什么口头许诺，更要看选举后这些承诺实现了多少；要看制度和法律规定了什么样的政治程序和政治规则，更要看这些制度和法律是不是真正得到了执行；要看权力运行规则和程序是否民主，更要看权力是否真正受到人民监督和制约。这些重要论述一脉相承、相互贯通、有机统一，阐明了我们党关于民主的立场、观点、方法，体现了深邃的政治思维、理论思维、实践思维，标志着我们党对民主政治发展规律的认识达到了新的高度，为推动人类政治文明进步贡献了中国智慧。

"民主是各国人民的权利，而不是少数国家的专利。一个国家是不是民主，应该由这个国家的人民来评判，而不应该由外部少数人指手画脚来评判。"习近平总书记这些掷地有声的重要论断，有力回击了一些西方国家长期以来对我国社会主义民主的傲慢攻击和无端指责，宣示了坚定的道路自信、理论自信、制度自信、文化自信。在一些国家，投票时人民被供在天上、捧在手里，投票结束后就被弃之不顾、置之不理，甚至被踩在脚下；一些政治明星参加竞选时把人民利益时时刻刻挂在嘴边，当选后就抛诸脑后，只计算党派和个人的利益得失，这样的民主不是真正的民主。中国共产党注重历史和现实、理论和实践、形式和内容有机统一，把民主价值和理念转化为科学有效的制度安排，转化为具体现实的民主实践，真正保证了中国人民当家作主。

增强对中国特色社会主义民主政治的自信和底气，坚定走中国特色社会主义政治发展道路的信心和决心

人民民主是社会主义的生命，是中国共产党始终高举的旗帜。习近平总书记的重要讲话系统概括了我们党坚持和发展人民民主的"五个基本观点"，丰富和拓展了中国特色社会主义民主政治和人民代表大会制度的政治内涵、理论内涵、实践内涵。社会主义民主政治的本质和核心是人民当家作主，我们通过健全完备的制度体系保证人民当家作主，明确人民依法管理国家和社会事务的权利和途径，凝聚广大人民的智慧和力量创造自己的幸福生活。人民通过选举、投票行使权利和人民内部各方面在重大决策之前进行充分协商，尽可能就共同性问题取得一致意见，是中国社会主义民主的两种重要形式，共同构成了中国社会主义民主政治的制度特点和优势。目前正在各地进行的县乡两级人大换届选举，全国10亿多选民一人一票直接选举产生200多万名县乡两级人大代表，组成地方国家权力机关，代表人民行使国家权力；在选区划分、选民登记、提名推荐、介绍候选人、组织投票等各选举环节，都广泛动员人民群众参加，积极听取来自人民的声音，依法保障选民的知情权、参与权、表达权、监督权。这是我国社会主义民主的生动体现。

中国特色社会主义政治发展道路是符合中国国情、保证人民当家作主的正确道路。新中国成立以来特别是改革开放以来，我们党团结带领人民成功开辟中国特色社会主义政治发展道路。坚定走中国特色社会主义政治发展道路，是近代以来中国人民长期奋斗历史逻辑、理论逻辑、实践逻辑的必然结果，是坚持党的本质属性、践行党的根本宗旨的必然要求。坚定走中国特色社会主义政治发展道路，关键是坚持党的领导、人民当家作主、依法治国有机统一，核心是坚持党的领导。人民代表大会制度是坚持党的领导、人民当家作主、依法治国有机统一的根本政治制度安排。坚定不移走中国特色社会主义政治发展道路，必须坚持宪法确定的人民民主专政的国体和人民代表大会制度的政体不动摇，不断推进社会主义民主政治制度化、规范化、程序化，把我国社会主义民主政治的特点和优势充分发挥出来。

习近平总书记指出："我们要借鉴人类政治文明的有益成果，但绝不照搬西方政治制度模式"。我们党领导人民创造了经济快速发展和社会长期稳定"两大奇迹"，"中国之治"和"西方之乱"形成鲜明对比，充分展现了中国特色社会主义政治发展道路的巨大优越性。特别是抗击新冠肺炎疫情斗争取得重大战略成果，充分展现了中国共产党领导和我国社会主义制度的显著优势。邓小平同志指出："社会主义国家有个最大的优越性，就是干一件事情，一下决心，一作出决议，就立即执行，不受牵扯。""这方面是我们的优势，我们要保持这个优势，保证社会主义的优越性。"我们要始终保持头脑清醒、旗帜鲜明，始终坚持中国特色社会主义政治发展道路的方向不变、立场不变、决心不变、步伐不变，绝不能放弃中国政治制度的根本，绝不走西方所谓"宪政"、多党竞选、三权鼎立、两院制、司法独立的路子。

深刻认识和把握全过程人民民主重大理念，发挥人大在发展全过程人民民主中的重要作用

2019年11月，习近平总书记在上海虹桥街道考察全国人大常委会法工委基层立法联系点时，明确提出"人民民主是一种全过程的民主"。在庆祝中国共产党成立100周年大会上，习近平总书记强调"发展全过程人民民主"。在中央人大工作会议上，习近平总书记对全过程人民民主作出全面阐述、提出明确要求，鲜明展示了我们党实现和保证人民当家作主、始终高举人民民主旗帜的坚定立场，为新时代推进全过程人民民主建设提供了科学指引和根本遵循。

深入学习领会习近平总书记关于发展全过程人民民主的重要论述，必须深刻认识到，全过程人民民主体现了社会主义民主的本质特征，体现了国家一切权力属于人民的宪法原则，体现了我们党全心全意为人民服务的根本宗旨，能够更好体现人民意志、保障人民权益、激发人民创造活力，保证人民当家作主具体地、现实地落实到国家政治生活和社会生活之中。我国全过程人民民主既有完整的制度程序，也有完整的参与实践，体现在保障人民依法实行民主选举、民主协商、民主决策、民主管理、民主监督的各方面法律制度和具体工作上，实现了过程民主和成果民主、程序民主和实质民主、直接民主和间接民主、人民民主和国家意志相统一，是全链条、全方位、全覆盖的民主，是最广泛、最真实、最管用的社会主义民主。全过程人民民主是在党的领导下形成、发展和实现的，只有始终坚持党的领导、全面落实党的领导，全过程人民民主才能有序推进，人民当家作主才能充分实现。

习近平总书记指出："人民代表大会制度是实现我国全过程人民民主的重要制度载体。"这一制度承载着党的初心和使命，反映了人民的利益和意志；这一制度的设计和安排，体现了发展全过程人民民主的要求；这一制度的运行和实践，有力实现和保障了全过程人民民主。坚持好完善好贯彻好人民代表大会制度，就是践行党的初心和使命，就是发展全过程人民民主，就是支持和保证人民当家作主。各级人大及其常委会要把发展全过程人民民主作为重要职责和光荣使命，扎实推进全过程人民民主建设。要在党的领导下，不断扩大人民有序政治参与，加强人权法治保障，保证人民依法享有广泛权利和自由。完善人民代表大会及其常委会运行的制度机制，保证人民通过法定的途径、渠道、方式、程序全过程参与人大各方面各环节工作，确保党和国家在决策、执行、监督落实各个环节都能听到来自人民的声音。完善人大的民主民意表达平台和载体，做好人大协商、立法协商等工作，通过调研、座谈、论证、咨询、听证、公开征求意见、立法联系点和基层联系点等方式，最大限度吸纳民意、汇集民智、凝聚民力，把各方面社情民意统一于最广大人民根本利益之中。加强对中国特色社会主义民主政治、对人民代表大会制度的理论研究和宣传阐释，讲清楚我国政治制度的特点和优势，讲好中国民主故事。

推动人民代表大会制度与时俱进、完善发展，更好发挥国家根本政治制度作用

在中国建立什么样的政治制度，是近代以后中国人民面临的一个历史性课题。为解决这一历史性课题，我们党在领导中国人民进行艰苦卓绝革命斗争的同时，对建立新型人民民主政权进行了理论思考和探索实践，找到了适合中国国情的根本政治制度，这就是共产党领导的、人民当家作主的、民主集中制的人民代表大会制度。1954年9月，一届全国人大一次会议召开，通过了《中华人民共和国宪法》，标志着人民代表大会制度这一国家根本政治制度正式建立。

制度竞争是综合国力竞争的重要方面，制度优势是一个国家赢得战略主动的重要优势。制度稳则国家稳，制度强则国家强。人民代表大会制度建立 60 多年来特别是改革开放 40 多年来，这一制度在党的领导下不断巩固、完善、发展，有效保证国家沿着社会主义道路前进，有效保证国家治理跳出"其兴也勃焉，其亡也忽焉"的历史周期率，有效保证国家政治生活既充满活力又安定有序，为我们党领导人民创造经济快速发展奇迹和社会长期稳定奇迹提供了重要制度保障。习近平总书记强调："人民代表大会制度是符合我国国情和实际、体现社会主义国家性质、保证人民当家作主、保障实现中华民族伟大复兴的好制度，是我们党领导人民在人类政治制度史上的伟大创造，是在我国政治发展史乃至世界政治发展史上具有重大意义的全新政治制度。"对于党领导人民历经千辛万苦、付出巨大代价建立的这一国家根本政治制度，必须倍加珍惜、长期坚持、全面贯彻、不断完善。

党的十八大以来，以习近平同志为核心的党中央高度重视、全面加强对人大制度建设和人大工作的领导，形成了习近平总书记关于坚持和完善人民代表大会制度的重要思想，推动人大工作取得历史性成就，推动人民代表大会制度更加成熟、更加定型。在中央人大工作会议上，习近平总书记用"六个必须坚持"，系统概括了党的十八大以来党中央推进人民代表大会制度理论和实践创新所提出的一系列新理念新思想新要求。在新时代新征程上，我们必须坚持中国共产党领导，必须坚持用制度体系保障人民当家作主，必须坚持全面依法治国，必须坚持民主集中制，必须坚持中国特色社会主义政治发展道路，必须坚持推进国家治理体系和治理能力现代化，推动人民代表大会制度与时俱进、完善发展，更好把国家根本政治制度的制度优势转化为治理效能，保证党领导人民依法有效治理国家。

坚持围绕党和国家工作大局履职尽责，推动新时代人大工作高质量发展

新时代人大工作面临新形势新任务新要求。习近平总书记对坚持和完善人民代表大会制度、加强和改进新时代人大工作作出系统部署，提出了全面贯彻实施宪法、加快完善中国特色社会主义法律体系、用好宪法赋予人大的监督权、充分发挥人大代表作用、加强人大自身建设、加强党对人大工作的全面领导六个方面的重要任务，既为我们指明了目标方向，也提供了思路方法。我们要全力以赴抓好贯彻落实，紧跟党中央重大决策部署，紧贴人民群众美好生活需要，紧扣推进国家治理体系和治理能力现代化、全面建设社会主义现代化国家的需求，为实现党确定的奋斗目标作出应有贡献。

党的全面领导是人大工作最高政治原则。党的十八大以来人大工作取得的历史性成就充分证明，党的领导坚持得越好，人大工作就越有成效，人民代表大会制度的优越性就越能得到彰显。要始终坚持党对人大工作的全面领导，增强"四个意识"、坚定"四个自信"、做到"两个维护"，自觉用习近平新时代中国特色社会主义思想统揽和指引人大工作，确保党的基本理论、基本路线、基本方略和党中央决策部署在人大工作中得到全面贯彻和有效执行。严格执行请示报告制度，人大工作中的重大问题、重要事项、重要情况及时向党中央请示报告。紧紧围绕党和国家工作大局履职尽责，切实做到党和国家工作重心在哪里，人大工作就跟进到哪里，力量就汇聚到哪里，作用就发挥到哪里。

以宪法为根本活动准则，维护宪法权威和尊严，保证宪法实施。与时俱进完善中国特色社会主义法律体系，坚持党对立法工作的集中统一领导，深入推进科学立法、民主立法、依法立法，以良法促

进发展、保障善治。各级人大及其常委会要实行正确监督、有效监督、依法监督，确保宪法法律得到有效实施，确保行政权、监察权、审判权、检察权依法正确行使。充分发挥人大代表作用，做到民有所呼、我有所应，使发挥各级人大代表作用成为人民当家作主的重要体现。

习近平总书记强调，各级人大及其常委会要"成为自觉坚持中国共产党领导的政治机关、保证人民当家作主的国家权力机关、全面担负宪法法律赋予的各项职责的工作机关、始终同人民群众保持密切联系的代表机关"。这为人大自身建设指明了正确方向，是新时代加强各级人大自身建设的新定位、新目标、新抓手。我们要按照"四个机关"的新要求，坚持以政治建设为统领，全面加强人大机关的思想建设、组织建设、作风建设、纪律建设，把制度建设贯穿其中，不断提升参谋助手和服务保障工作水平，努力打造政治坚定、服务人民、尊崇法治、发扬民主、勤勉尽责的人大工作队伍。

《人民日报》（2021年11月10日　11版）

人民代表大会制度是实现我国全过程人民民主的重要制度载体

信春鹰

习近平总书记在中央人大工作会议上的重要讲话中指出,"人民代表大会制度是实现我国全过程人民民主的重要制度载体",为新时代坚持和完善人民代表大会制度指明了方向。在我国社会主义民主政治制度下,发展社会主义民主政治就是要体现人民意志、保障人民权益、激发人民创造活力,用制度体系保证人民当家作主。

全过程人民民主是社会主义民主的本质属性

全过程人民民主是社会主义民主的本质属性,体现了国家一切权力属于人民的宪法理念,体现了我们党全心全意为人民服务的根本宗旨。新中国成立以来特别是改革开放以来,我们党团结带领人民,深化对社会主义民主的认识,成功开辟了具有中国特色的民主发展道路。党的十八大以来,以习近平同志为核心的党中央坚持党的领导、人民当家作主、依法治国有机统一,健全人民当家作主制度体系,推动发展更加广泛、更加充分、更加健全的人民民主,不断完善发展全过程人民民主,社会主义民主政治焕发勃勃生机。

人民代表大会制度是实现我国全过程人民民主的重要制度载体

习近平总书记再次强调评价一个国家政治制度是不是民主的、有效的"八个能否"的标准,创造性地提出了一个国家民主不民主的"四个要看、四个更要看"的标准。中国共产党始终高举人民民主的旗帜,始终坚持以下基本观点:一是人民民主是社会主义的生命,没有民主就没有社会主义,就没有社会主义的现代化,就没有中华民族伟大复兴。二是人民当家作主是社会主义民主政治的本质和核心,发展社会主义民主政治就是要体现人民意志、保障人民权益、激发人民创造活力,用制度体系保证人民当家作主。三是中国特色社会主义政治发展道路是符合中国国情、保证人民当家作主的正确道路,是近代以来中国人民长期奋斗历史逻辑、理论逻辑、实践逻辑的必然结果,是坚持党的本质属性、践行党的根本宗旨的必然要求。四是人民通过选举、投票行使权利和人民内部各方面在重大决策之前进行充分协商,尽可能就共同性问题取得一致意见,是中国社会主义民主的两种重要形式,共同构成了中国社会主义民主政治的制度特点和优势。五是发展社会主义民主政治关键是要把我国社会主义民主政治的特点和优势充分发挥出来,不断推进社会主义民主政治制度化、规范化、程序化,为党和国家兴旺发达、长治久安提供更加完善的制度保障。这些基本观点,是对中国社会主义民主政治建设的深刻总结,丰富和拓展了中国特色社会主义民主政治的政治内涵、理论内涵、实践内涵,指明了坚持中国特色社会主义政治发展道路的前进方向。

突出"全过程"是社会主义民主的鲜明特征。习近平总书记深刻指出:"我国全过程人民民主实现了过程民主和成果民主、程序民主和实质民主、直接民主和间接民主、人民民主和国家意志相统一,是全链条、全方位、全覆盖的民主,是最广泛、最真实、最管用的社会主义民主。"在我国社会主义民主政治运行过程中,人民当家作主具体地落实到国家政治生活和社会生活的各方面各环节。我国实行工人阶级领导的、以工农联盟为基础的人民民主专政的国体，实行人民代表大会制度的政体，实行中国共产党领导的多党合作和政治协商制度、民族区域自治制度、基层群众自治制度等基本政治制度，巩固和发展最广泛的爱国统一战线，形成了全面、广泛、有机衔接的人民当家作主制度体系，构建了多样、畅通、有序的民主渠道，有效保障人民享有宪法和法律规定的广泛的政治权利和自由，保障人民依法实行民主选举、民主协商、民主决策、民主管理、民主监督，充分调动全体人民为社会主义现代化建设贡献智慧和力量。实践证明，我国之所以能在几十年时间内创造经济快速发展和社会长期稳定"两大奇迹"，中国特色社会主义民主发挥了巨大功效。

全过程人民民主是人民代表大会制度设计和安排的一条主线

中国共产党从成立之日起，就把人民民主写在自己的旗帜上，把为中国人民谋幸福、为中华民族谋复兴作为初心使命。我们党的初心使命体现在政治上，就是要争得民主、保证人民当家作主。党在带领人民为推翻三座大山而浴血奋战的同时，创造性地把马克思主义基本原理同中国具体实际相结合、同中华优秀传统文化相结合，对建立新型人民民主政权进行了长期探索和实践，经过不懈努力建立起人民民主专政的中华人民共和国，建立了与这一国体相适应的人民代表大会制度的政体。

人民代表大会制度作为我国的根本政治制度，在制度设计和安排上始终贯彻国家一切权力属于人民的宪法理念。坚持人民代表大会制度，就是支持和保证人民通过人民代表大会行使国家权力，保证各级人大都由民主选举产生、对人民负责、受人民监督，保证各级国家机关都由人大产生、对人大负责、受人大监督。人大依法开展对"一府一委两院"的监督，是代表国家和人民进行的有法律效力的监督。毛泽东同志指出："我们的主席、总理，都是由全国人民代表大会产生出来的，一定要服从全国人民代表大会"。在人民代表大会制度平台上，人民真实、广泛、有效地享有民主选举、民主协商、民主决策、民主管理、民主监督的权利。

以完备的法律制度保障全过程人民民主。宪法是我国的根本大法，具有最高的法律地位和法律权威。宪法中体现的原则、精神与全过程人民民主的理念相通，全过程人民民主的主体内容、基本要求都在宪法中得到了确认和体现。比如，我国宪法明确规定"国家尊重和保障人权"，专章规定"公民的基本权利和义务"等，为有效保障公民基本政治权利不受侵犯提供了根本法依据。全国人大及其常委会作为国家立法机关，通过制定完善经济、政治、文化、社会、生态等各领域的法律，为保障人民当家作主提供了坚实制度保障。2021年3月，十三届全国人大四次会议对全国人大组织法和全国人大议事规则作出修改，将全国人大及其常委会坚持全过程民主写进法律，为更好践行全过程人民民主理念提供了更坚实的制度保障。

党的十八大以来，以习近平同志为核心的党中央高度重视人大制度建设和人大工作。习近平总书记关于坚持和完善人民代表大会制度的重要思想，推动人大工作取得历史性成就，推动人民代表大会制度理论和实践创新不断取得新成果，为发展全过程人民民主提供了根本遵循。

人民代表大会制度的实践保障全过程人民民主

人民代表大会制度正式确立60多年来,特别是改革开放40多年来,国家根本政治制度的优势功效得到充分彰显,各级人大及其常委会依法履行职权,国家权力机关作用得到充分发挥,为不断扩大人民有序政治参与,支持和保证人民当家作主,发展全过程人民民主,提供了坚实的制度保障。

人大代表选举体现全过程人民民主理念。人大代表是人民代表大会的主体,选举人大代表是人民行使国家权力的重要体现,也是全过程人民民主的重要环节。我国宪法规定,年满十八周岁的公民,不分民族、种族、性别、职业、家庭出身、宗教信仰、教育程度、财产状况、居住期限,都有选举权和被选举权。在实践中,超过99%的年满18周岁的中国公民享有民主选举权利。我国人大代表名额分配实行人人平等、地区平等、民族平等的原则,保证各方面都有适当数量的代表。代表选举的普遍参与和代表构成的广泛性为实现全过程人民民主打下了坚实的群众基础。在我国选举制度中,人民通过民主选举产生人大代表,组成全国人民代表大会和地方各级人民代表大会。人大代表代表人民的利益和意志参加行使国家权力,同时要接受选民和原选举单位的监督。从人民通过民主选举产生人大代表到人大代表代表人民履职行权,再到人民对人大代表的履职监督,我国选举制度全流程、全方位贯彻了全过程人民民主理念的原则和要求。

立法、监督项目的确定体现人民意志。在确定立法项目方面,全国人大常委会在立法计划、规划编制过程中广泛吸取各方意见建议,确保实现党的意志和人民意愿的统一。坚持广泛听取中央和国家机关、社会组织、人大代表、专家学者等各方面各领域意见建议,一些地方还探索向社会广泛征求立法意见建议，从立项这一工作源头上发扬民主、科学决策，保证立法工作不断适应经济社会发展新形势、满足人民群众新期待。在立法计划、规划外，全国人大常委会还会根据人民群众新期待及时增加新的立法项目。比如，2018年7月吉林长春长生疫苗案件发生后，全国人大常委会第一时间研究疫苗管理法草案立项和起草，当年12月即安排常委会会议审议疫苗管理法草案，2019年6月该草案三审通过。在确定监督项目方面，一条很重要的标准就是紧扣人民群众关注的热点难点问题。比如，围绕人民群众普遍关注的教育、医疗、环保、扶贫等民生领域确定了执法检查、听取审议相关工作报告、专题询问、专题调研等50余个监督项目，特别是连续4年将大气、水、土壤、固体废物等生态环保领域专项法律实施情况作为监督工作重点，为助力打好污染防治攻坚战作出重要贡献。

立法、监督工作中充分听取吸收各方面意见建议。人大行使职权的过程，就是体现人民意志、代表人民利益的过程。全国人大常委会通过调研、座谈、论证、评估等方式，多层次、全方位、多渠道调查了解实际情况，广泛听取各有关方面对法律案的意见建议。设立基层立法联系点，充分发挥其反映民情、倾听民意、汇聚民智的"直通车"作用。不断完善法律草案向社会公开工作机制，一些事关人民群众切身利益的重要法律草案，一经公布便得到社会的广泛关注和积极回应。党的十八大以来，共有190多件次法律草案向社会公开征求意见，约110万人次提出300多万条意见建议，许多重要意见得到采纳，最大限度凝聚了立法共识，体现了发展全过程人民民主的要求。为了使人大监督更接地气，十三届全国人大常委会不断创新完善监督方式方法，扩大人民群众对监督工作的参与度。例如，在执法检查过程中，召开五级人大代表座谈会和基层群众座谈会，将实地检查与随机抽查、问卷调查、网络调研等多种形式有机结合，引入"外脑"对法律实施情况开展第三方评估等。

坚持把人民群众满意不满意作为检验人大工作成效的根本标尺。在党中央坚强领导下，全国人大常委会工作紧跟党中央重大决策部署，紧贴人民群众美好生活对法治建设的呼声期盼，紧扣国家治理体系和治理能力现代化提出的法律需求实际，加强立法和监督，努力使各项工作更好满足人民群众对美好生活的新期待。比如，围绕人民群众对建设健康中国的迫切需求，制定基本医疗卫生与健康促进法、疫苗管理法、医师法等，修改药品管理法、人口与计划生育法等，检查传染病防治法、中医药法等实施情况，听取审议国务院关于医师队伍管理情况和执业医师法实施情况的报告等，在织密扎牢法律制度篱笆的同时督促有关部门改进工作，打出了一套助力健康中国战略实施的立法、监督组合拳。这些工作落实了党中央对人大工作的新要求，回应了人民群众的新期待，为新时代发展全过程人民民主提供了法治支撑和保障。

《人民日报》（2021年11月15日　10版）

践行全过程人民民主　推进专门协商机构建设

中共政协全国委员会机关党组

党的十九届六中全会审议通过的《中共中央关于党的百年奋斗重大成就和历史经验的决议》指出："党的十八大以来，我国社会主义民主政治制度化、规范化、程序化全面推进，中国特色社会主义政治制度优越性得到更好发挥，生动活泼、安定团结的政治局面得到巩固和发展。"以习近平同志为核心的党中央统筹中华民族伟大复兴战略全局和世界百年未有之大变局，着眼坚持和拓展中国式现代化道路，不断深化对民主政治发展规律的认识，提出全过程人民民主的重大理念。习近平总书记在庆祝中国共产党成立100周年大会和中央人大工作会议、中央政协工作会议等一系列重要会议上，就新时代发展社会主义民主政治作出重大战略部署。人民政协作为专门协商机构，是人民民主的重要形式，是推进社会主义协商民主实践的重要力量。我们要深入学习贯彻习近平总书记重要讲话精神，把握政治内涵、理论内涵、实践内涵，扎实推进专门协商机构建设，为更好坚持和发展全过程人民民主，发挥我国社会主义民主政治特色优势作出应有贡献。

/ 何为全过程人民民主 /

全过程人民民主是最广泛、最真实、最管用的社会主义民主

习近平总书记指出:"我国全过程人民民主实现了过程民主和成果民主、程序民主和实质民主、直接民主和间接民主、人民民主和国家意志相统一,是全链条、全方位、全覆盖的民主,是最广泛、最真实、最管用的社会主义民主。"习近平总书记关于发展全过程人民民主的重要论述,阐明了我国社会主义民主的特质和优势,进一步丰富和发展了习近平新时代中国特色社会主义思想,为新时代发展社会主义民主政治、建设社会主义政治文明提供了科学指引和重要遵循。

深刻理解和把握全过程人民民主的根本保证。习近平总书记强调:"自成立之日起,中国共产党就以实现中国人民当家作主和中华民族伟大复兴为己任"。中国共产党领导是中国特色社会主义最本质的特征,是中国特色社会主义制度的最大优势。人民民主是社会主义的生命,是中国共产党始终高举的旗帜。全过程人民民主是在党的领导下形成、发展和实现的。必须坚持把党的领导贯穿全过程人民民主的各方面各环节,把党的领导、人民当家作主、依法治国有机统一于社会主义民主政治实践,切实保证党领导人民依法有效治理国家。

深刻理解和把握全过程人民民主的本质要求。习近平总书记强调:"发展社会主义民主政治就是要体现人民意志、保障人民权益、激发人民创造活力,用制度体系保证人民当家作主。"人民是历史的创造者,是决定党和国家前途命运的根本力量。全过程人民民主践行以人民为中心的发展思想,是人民当家作主的生动实践和必由之路,能够更好凝聚人民力量。我们要继续推进全过程人民民主建设，把人民当家作主具体地、现实地体现到党治国理政的政策措施上来，具体地、现实地体现到党和国家机关各个方面各个层级工作上来，具体地、现实地体现到实现人民对美好生活向往的工作上来。

深刻理解和把握全过程人民民主的制度保障。习近平总书记强调："我们要不断推进社会主义民主政治制度化、规范化、程序化，更好发挥中国特色社会主义政治制度的优越性，为党和国家兴旺发达、长治久安提供更加完善的制度保障。"我国实行工人阶级领导的、以工农联盟为基础的人民民主专政的国体，实行人民代表大会制度的政体，实行中国共产党领导的多党合作和政治协商制度、民族区域自治制度、基层群众自治制度等基本政治制度，巩固和发展最广泛的爱国统一战线，形成了全面、广泛、有机衔接的人民当家作主制度体系，构建了多样、畅通、有序的民主渠道。必须坚定不移走中国特色社会主义政治发展道路，坚持和完善人民当家作主制度体系，注重历史和现实、理论和实践、形式和内容的有机统一，把民主价值和理念转化为更加科学有效的制度安排。

深刻理解和把握全过程人民民主的显著优势。习近平总书记强调："人民通过选举、投票行使权利和人民内部各方面在重大决策之前进行充分协商，尽可能就共同性问题取得一致意见，是中国社会主义民主的两种重要形式。在中国，这两种民主形式不是相互替代、相互否定的，而是相互补充、相得益彰的，共同构成了中国社会主义民主政治的制度特点和优势。"全过程人民民主植根于中华文化沃土，孕育形成于中国共产党团结带领中国人民进行革命、建设、改革的伟大实践，充分反映中国人民意愿，适应时代发展进步要求，展现出独特优势。全过程人民民主不仅有完整的制度程序，而且有完整的参与实践，能够切实保障人民当家作主权利落实到国家政治生活和社会生活的方方面面，解决人民需要解决的问题，避免了西方一些国家民主的弊端和局限，为人类政治文明进步作出了重大贡献。

人民政协专门协商机构是发展全过程人民民主的重要制度安排

习近平总书记指出："协商民主深深嵌入了中国社会主义民主政治全过程。"作为社会主义协商民主的重要渠道和专门协商机构，人民政协是我国国家治理体系的重要组成部分，是中国共产党领导中国人民发展社会主义民主、开辟"中国之治"的重要制度设计和治理平台，在全过程人民民主制度程序和参与实践中具有独特优势、发挥着重要作用。

有利于实现全链条的人民民主。在我国，人民依法实行民主选举、民主协商、民主决策、民主管理、民主监督，依法通过各种途径和形式管理国家事务，管理经济文化事业，管理社会事务，在实现民主过程中形成环环相扣的完整链条，充分保障人民知情权、参与权、表达权、监督权。人民政协坚持协商于民、协商为民，以宪法、政协章程和相关政策为依据，以中国共产党领导的多党合作和政治协商制度为保障，集协商、监督、参与、合作于一体。坚持协商于决策之前和决策实施之中，对明确规定需要协商的事项经协商后提交决策实施，服务党和政府科学决策、民主决策。围绕党和国家重大方针政策、重要决策部署的贯彻落实情况和涉及人民群众切身利益的实际问题解决落实情况等，通过提出意见、批评、建议的方式开展民主监督等。长期以来，人民政协在全过程人民民主各环节、各链条的完整有序运转中发挥着重要作用,彰显了中国式民主的独特优势。

有利于实现全方位的人民民主。专门协商机构在协商中促进广泛团结、推进多党合作、实践人民民主,充分体现了我国社会主义民主有事多商量、遇事多商量、做事多商量的特点和优势。协商领域广泛,围绕"五位一体"总体布局和"四个全面"战略布局,以促进解决好发展不平衡不充分的问题为工作重点,瞄准抓重点、补短板、强弱项的重要问题,深入协商、集中议政。协商形式丰富,全国政协已经形成了以全体会议为龙头,以专题议政性常委会会议和专题协商会为重点,以双周协商座谈会、对口协商会、提案办理协商会等为常态的协商议政格局,并适应新形势创设网络议政、远程协商、专家协商会等平台。协商文化深厚,传承兼容并蓄、求同存异等中华优秀传统文化理念,弘扬人民政协"团结——批评——团结"的优良传统,形成既畅所欲言、各抒己见,又理性有度、合法依章的良好协商氛围。

有利于实现全覆盖的人民民主。人民政协具有代表性强、包容性大、联系面广的特色。人民政协设有全国委员会和省、市、县(区)委员会四个层级的3200多个组织,各级政协委员有60多万名;全国政协设34个界别,涵盖8个民主党派和无党派人士、各主要人民团体、56个民族、5大宗教,全国政协委员有2100多名。政协委员作为各党派团体和各族各界代表人士,由各方面郑重协商产生,代表各界群众参与国是、履行职责。这样的界别特点和委员构成,能够有效保障各党派、各团体、各民族、各阶层、各界人士共商国是,推动实现广泛有效的人民民主。人民政协坚持团结和民主两大主题,坚持一致性和多样性统一,对各民主党派以本党派名义在政协发表意见、提出建议作出机制性安排,健全同党外知识分子、非公有制经济人士、新的社会阶层人士的沟通联络机制，最大限度凝聚起共同团结奋斗的强大力量。

提升专门协商机构在发展全过程人民民主中的制度效能

全过程人民民主具有鲜明中国特色和广阔发展空间，日益焕发强大生机活力。在新征程上发展全过程人民民主，人民政协作为专门协商机构使命光荣、责任重大。我们要坚持发扬民主和增进团结相互贯通、建言资政和凝聚共识双向发力，把发展全过程人民民主的要求落实到政治协商、民主监督、参政议政和凝聚共识各项工作中，深入推进专门协商机构建设，服务推进国家治理体系和治理能力现代化。

毫不动摇坚持党的全面领导。必须把坚持党的领导贯穿到政协全部工作之中，切实落实党中央对人民政协工作的各项要求。严格执行重大问题请示报告制度，完善党中央重大决策部署和习近平总书记重要指示批示贯彻落实的督查机制，发挥政协党组在政协工作中的领导作用，加强政协党的建设，强化理论武装。通过思想政治引领和制度有效运行，把党中央决策部署和对人民政协工作的要求转化为各党派团体和各族各界人士的思想自觉与行动自觉，使人民政协更好成为坚持和加强党对各项工作领导的重要阵地、用党的创新理论团结教育引导各族各界代表人士的重要平台、在共同思想政治基础上化解矛盾和凝聚共识的重要渠道。

推进专门协商机构制度建设。建立健全以协商制度为主干，覆盖专门协商机构党的建设、履职工作、组织管理、内部运行等各方面的工作制度。强化协商功能，落实协商工作规则，推动完善协商于决策之前和决策实施之中的落实机制。丰富协商内涵，探索政协协商制度化实践的新经验新做法，注重协商形式和协商内容相匹配、协商程序和协商效率相统一，推动协商民主广泛多层制度化发展。探索协商民主新的实现方式和实践载体，运用现代信息技术等手段，在共同思想政治基础上拓展不同意见观点互动交流、深入沟通的平台和渠道。发挥协商式监督优势，引导政协委员秉持公心愿监督、直言不讳真监督、有理有据善监督，助推党和国家方针政策贯彻执行。

在政协协商中凝聚共识。把凝聚共识贯穿发挥专门协商机构作用全过程各方面，在视察考察、调查研究、协商议政、民主监督等工作中，紧扣国之大者、民生关切，引导委员认真履职，及时了解情况、分析问题，汇集民意、反映诉求，提出改进意见和建议，广集良策促进决策优化，广聚共识推动决策实施。强化团结合作理念，以道交友、以情感人、以理服众、以商求同，通过协商履职、界别联谊、政协书院、重点关切问题情况通报会、委员活动日等平台，耐心细致地做好凝聚人心和力量的工作。面向社会广泛传播共识，通过委员讲堂、重大专项工作委员宣讲团、专委会媒体见面会等机制化平台，阐释党和国家大政方针，传播政协协商形成的共识，寻求最大公约数、取得最大共识。

提升政协委员协商能力。落实"懂政协、会协商、善议政，守纪律、讲规矩、重品行"的要求，加强政协委员能力建设。强化理论武装，认真学习习近平新时代中国特色社会主义思想，贯彻落实习近平总书记关于加强和改进人民政协工作的重要思想，不断夯实团结奋斗的共同思想政治基础。加强调查研究，坚持问题导向，深化专题调研，探索委员自主调研，深入实际摸清真实情况，集合众智提出解决办法，提高调研质量和成效。强化实践锻炼，提高同党外代表人士协商的能力，善于做好思想政治引领工作；提高同部门协商的能力，善于把专业意见转化为政策选项；提高同界别群众协商的能力，善于当好反映诉求、汇聚民智、凝聚共识的桥梁纽带，练好作为专门协商机构成员的基本功。

《人民日报》（2021年11月25日　09版）

全过程人民民主是更高更切实的民主

尹汉宁

习近平总书记深刻总结中国特色社会主义民主政治的生动实践，对人民民主的性质、内涵、目的、特色、评价主体和评价标准进行了深邃思考和系统阐释，创造性地提出了全过程人民民主的重大理念，明确民主是要用来解决人民需要解决的问题的。邓小平同志曾指出："我们进行社会主义现代化建设，是要在经济上赶上发达的资本主义国家，在政治上创造比资本主义国家的民主更高更切实的民主"。相较于资本主义民主，全过程人民民主具有道义高度和中国特色，是更高更切实的民主。

中国式民主是全体规模上的人民民主，不是"金主"主导的精英民主

毛泽东同志在《论人民民主专政》一文中指出，有了人民的国家，人民才有可能在全国范围内和全体规模上，用民主的方法，教育自己和改造自己。全过程人民民主是人民广泛参与的、真正的人民当家作主。尽管美西方宣扬他们早已进入了大众民主阶段，但他们的大众民主仅局限于选举与公投环节，大众根本没有当家作主的

地位，不过是政治精英的竞选工具和脱责工具。

民主之所以被作为竞选工具，是因为他们认为，古典的民主理论或者人民主权的理想，在现代社会是行不通的。因为大多数选民是精英之外的普通公民，在政治生活中是被动、冷漠的，没有理性。民主不是人民的统治，而是政治精英的统治。因此，美西方的民主实际上仍然是精英民主，大众被限定在选民的地位。民主之所以被作为脱责工具，是因为美西方经常搞公投，一些政治人物往往为了选票而公投、为了推卸责任而公投，而精英或政治人物背后是"金主"即资本的支配。2020年美国总统大选和国会选举，选举总支出高达140亿美元。其中，许多来自大富豪、大企业和特殊利益集团的捐款。政治人物当选后，势必会利用公共资源回报这些"金主"。

中国式民主是全过程的民主参与，不是仅仅体现在票决环节

全过程人民民主是全链条、全方位、全覆盖的民主。不仅有完整的制度程序，而且有完整的参与实践，能够确保党和国家在决策、执行、监督、落实各个环节都能听到人民的声音。这就实现了过程民主和成果民主、程序民主和实质民主、直接民主和间接民主、人民民主和国家意志相统一。

在美西方，大众的民主参与局限于竞选和公投的票决环节。在竞选中，人民只有在投票时被唤醒、投票后就进入休眠期；只有竞选时聆听天花乱坠的口号，竞选后就毫无发言权；只有拉票时受宠，选举后就被冷落。在公投中，往往是政治人物怕担责任，靠公民投票的简单多数帮其做选择。比如英国的脱欧公投，就是当时的领导人为了竞选而做出的轻率之举。大众缺乏全过程的民主参与，仅在票决环节受到宣传鼓动而参与投票。有时政治人物为影响投票，甚至煽动民粹主义为其所用，这就使得投票具有盲目性和非理性。

中国式民主是为人民谋幸福的民主，不是福利承诺拍卖

习近平总书记指出："民主不是装饰品，不是用来做摆设的，而是要用来解决人民需要解决的问题的。"为中国人民谋幸福、为中华民族谋复兴，是中国共产党的初心和使命。全过程人民民主的制度安排、出发点和落脚点都是为人民谋幸福。实现全体人民共同富裕，既是价值追求，又是战略目标。前些年，美国杜克大学学者史天健在中国进行过实证调查，其基本结论是，多数中国人谈论的民主是指政府在作决策的时候，时刻想着人民的利益，征求和听取人民的意见，政府应该为人民服务。这种认识与我们所处的发展阶段有一定关系，也说明民主的基础是实现人民利益。中国人讲民主，既讲政治上的民主，又讲经济上的民主。为人民谋幸福，解决人民的民生福祉问题，在全过程人民民主的一系列制度安排中，在人民广泛的民主参与实践中，体现得很充分，是真实的、具体的、一贯的。美西方讲民主，不会讲经济上的民主，而把民主主要限定在政治领域，在政治领域又把民主主要限定在票决环节。

对此，可以从全民医疗保险的案例来作比较。中国在生产力水平低下的条件下，就有覆盖城乡的公费医疗和合作医疗，现在建成了世界上最大的医疗保障体系。在抗击新冠肺炎疫情中，中国的公共卫生服务功能和成效更是举世瞩目。再看美国建立全民医保制度，

从西奥多·罗斯福算起，历时近百年，到奥巴马任期内的2010年才得以勉强通过。由于奥巴马继任者的不同政见，医保法案执行中还出现过曲折。有人说，西方的领导人竞选是福利拍卖会。准确地说，应该是福利承诺拍卖会，因为他们在竞选时向选民承诺的福利支票，有的做得到，有的做不到，或者多数做不到。

中国式民主是共识性民主，不是族群撕裂

列宁说："民主是国家形式，是国家形态的一种。"作为国家形式和国家形态的民主，其功能应该是产生"公意"、形成共识，而不是分裂、对抗甚至族群撕裂。全过程人民民主实现了人民民主和国家意志相统一。整个民主的运行过程，是形成最大公约数、形成共识的过程。虽然在决策程序中，我们也有多数赞成才能通过的规定，但在表决之前，有一系列的调查研究、征求意见、讨论、审议的制度和程序安排，也就是说在表决前就已经形成了基本共识，因此不是没有过程的简单粗糙的"多数决"。

美西方常常宣传全民公决的民主价值，但公决的结果往往是分离、撕裂甚至对抗。他们向一些国家推销全民公决的民主方式，致使这些多民族国家解体甚至出现动荡。英国是较早建立代议制民主制度的西方资本主义国家，由于政治人物一时需要而启动脱欧公投，结果"脱欧"或"留欧"的票数接近，使族群撕裂的危险凸现。从提出公投到正式公投、再到公投以后，家庭内部、组织内部、社区内部、阶层之间、族群之间长期辩论对抗。公投以所谓高调正当性的大众民主出场，却以民粹、轻率、不确定、不可问责、不可补救等非理性结果而遭受质疑。

中国式民主是效能型民主,不是程序上的否决机制

中国创造了世所罕见的经济快速发展和社会长期稳定两大奇迹,这其中有许多深刻原因。比如,有中国共产党的全面领导。我国新型政党制度与西方政党政治相比较,除了阶级基础不同,治理机理也有很大区别。中国共产党的全面领导保障人民当家作主,同时领导人民用民主的方法有效治理国家。再如,全过程人民民主有一系列制度安排。我国的人民代表大会制度是实现全过程人民民主的重要制度载体,邓小平同志说:"我们实行的就是全国人民代表大会一院制,这最符合中国实际。如果政策正确,方向正确,这种体制益处很大,很有助于国家的兴旺发达,避免很多牵扯。"我们的民主集中制,坚持集中指导下的民主,使民主有序有效;坚持民主基础上的集中,有利于达成共识,有利于科学决策、高效能决策。此外,中国将顶层设计和基层创造相结合。中国在广泛民主参与基础上形成中长期经济社会发展规划。有设计、有组织地开展试点,鼓励基层创造,对成熟经验加以总结推广。这既是发挥人民创造精神、充分发扬民主的过程,又是民主与集中良性互动的过程。

美西方经常宣传多党竞争有利于形成最优决策,但在实践中,党争变成了"否决机制"。金钱政治和游说团体正在扭曲美国普通民众发声的渠道,绝大多数人表达真实意愿的声音都被少数利益集团所遮蔽。利益集团阻止对他们利益有害的法案出台,促成有利于维护垄断利益的法案通过。在美西方议会中,由于议员代表不同的政党及其背后不同的财团利益,彼此针锋相对,长期以否决对方的议案为出发点,很多法案长期议而难决,难以形成共识。要么被长期拖延、搁置,要么极少数议案运用简单的"多数决"通过,引起群体隔膜和撕裂,在实际中也很难执行。

/ 何为全过程人民民主 /

中国式民主主张国际关系民主化，不以大欺小、以强凌弱

毛泽东同志说："民主必须是各方面的，是政治上的、军事上的、经济上的、文化上的、党务上的以及国际关系上的，一切这些，都需要民主。"民主是各国人民的权利，而不是少数国家的专利。习近平总书记强调："一个国家是不是民主，应该由这个国家的人民来评判，而不应该由外部少数人指手画脚来评判。国际社会哪个国家是不是民主的，应该由国际社会共同来评判，而不应该由自以为是的少数国家来评判。实现民主有多种方式，不可能千篇一律。用单一的标尺衡量世界丰富多彩的政治制度，用单调的眼光审视人类五彩缤纷的政治文明，本身就是不民主的。"

一些西方国家推行单边主义、保护主义、霸权主义、强权政治，以大欺小、以强凌弱，刻意宣扬大国竞争的所谓"修昔底德陷阱"，坚持零和思维。对待不同于他们的民主类型，采取排斥、敌视、围剿的态度。全过程人民民主，对国际关系有鲜明的民主主张。早在1953年，中国就提出了和平共处五项原则，即互相尊重主权和领土完整、互不侵犯、互不干涉内政、平等互利、和平共处。中国的几代领导人都强调反对霸权主义、强权政治，永不称霸。中国是维护世界和平的坚定力量，推动构建人类命运共同体，弘扬和平、发展、公平、正义、民主、自由的全人类共同价值，为促进人类进步不断作出新的更大贡献。

《人民日报》（2021 年 12 月 08 日　11 版）

继续推进全过程人民民主建设

孙 懿

民主，是全人类的共同价值。评价一个国家政治制度是不是民主的、有效的，主要看国家领导层能否依法有序更替，全体人民能否依法管理国家事务和社会事务、管理经济和文化事业，人民群众能否畅通表达利益要求，社会各方面能否有效参与国家政治生活，国家决策能否实现科学化、民主化，各方面人才能否通过公平竞争进入国家领导和管理体系，执政党能否依照宪法法律规定实现对国家事务的领导，权力运用能否得到有效制约和监督。

民主，是中国共产党和中国人民始终不渝坚持的重要理念。中央人大工作会议日前在北京召开，中共中央总书记、国家主席、中央军委主席习近平出席会议并发表重要讲话指出，党的十八大以来，我们深化对民主政治发展规律的认识，提出全过程人民民主的重大理念。我国全过程人民民主不仅有完整的制度程序，而且有完整的参与实践。

全过程人民民主是社会主义民主政治的鲜明特点。通过一系列法律和制度安排，我国全过程人民民主真正将民主选举、民主协商、民主决策、民主管理、民主监督各个环节彼此贯通起来，实现了过程民主和成果民主、程序民主和实质民主、直接民主和间接民主、人民民主和国家意志相统一，是全链条、全方位、全覆盖的民主，是最广泛、最真实、最管用的社会主义民主。

中国共产党的领导是实行全过程人民民主的根本政治保证。中国共产党从成立之日起，就把人民民主写在自己的旗帜上。发展社会主义民主政治，保证人民当家作主，关键是要坚持党的领导、人民当家作主、依法治国有机统一，核心是坚持党的领导。

人民代表大会制度是实现我国全过程人民民主的重要制度载体，必须紧紧抓住人民代表大会这一主要民主渠道。要在党的领导下，不断扩大人民有序政治参与，加强人权法治保障，保证人民依法享有广泛权利和自由。要保证人民依法行使选举权利，民主选举产生人大代表，保证人民的知情权、参与权、表达权、监督权落实到人大工作各方面各环节全过程，确保党和国家在决策、执行、监督落实各个环节都能听到来自人民的声音。要完善人大的民主民意表达平台和载体，健全吸纳民意、汇集民智的工作机制，推进人大协商、立法协商，把各方面社情民意统一于最广大人民根本利益之中。

要继续推进全过程人民民主建设，把人民当家作主具体地、现实地体现到党治国理政的政策措施上来，具体地、现实地体现到党和国家机关各个方面各个层级工作上来，具体地、现实地体现到实现人民对美好生活向往的工作上来。人大代表来自人民、代表人民，在全过程人民民主中发挥着重要作用。要更加密切联系群众，发挥同人民群众工作和生活在一起的优势，深入了解民情，真实反映民意，广泛集中民智，当好党和国家密切联系人民群众的桥梁和纽带。及时把人民群众最关心、最直接、最现实的问题通过适当的渠道反映给党委和政府，努力推动问题的解决。一时难以解决的问题，要给予正面引导和解释。对于一些带有共性、普遍性的问题依法提出议案和建议，推动从法律、政策层面予以解决。

全过程人民民主具有与时俱进的品格，是充满生机活力的社会主义民主。全过程人民民主在我国社会主义民主政治伟大实践中成长，也必将在全面建设社会主义现代化国家新征程中不断发展。前进道路上，在以习近平同志为核心的党中央坚强领导下，不断发展全过程人民民主，把我国社会主义民主政治的特质和优势充分发挥出来，我们就一定能不断巩固和发展生动活泼、安定团结的政治局面，为人类政治文明进步作出充满中国智慧的贡献。

《人民日报海外版》（2021年10月22日　01版）

民主的阳光照耀中华大地

韩维正

民主是多样的,世界是多彩的。在世界文明的百花园里,中国的民主之花绚丽绽放。

12月4日,国新办发表《中国的民主》白皮书,全面总结中国的民主发展取得的显著成就,深入阐释全过程人民民主的价值理念、制度程序、参与实践和世界意义,是一部系统阐述中国民主观的重要文献。

1921年,中国共产党成立,点亮了中国的民主之光。新民主主义革命时期,党领导人民为争取民主、反抗压迫和剥削进行了艰苦卓绝斗争,取得新民主主义革命胜利,成立新中国,中国人民从此站起来了,中国民主发展进入新纪元,人民当家作主从梦想变为现实。社会主义革命和建设时期,中国的民主大厦巍然耸立起来。改革开放和社会主义现代化建设新时期,民主发展的政治制度保障和社会物质基础更加坚实。党的十八大以来,中国的民主发展进入历史新时期,党提出全过程人民民主重大理念并大力推进。

中国发展全过程人民民主,是实实在在的,既有完整的制度程序,也有完整的参与实践。

从制度程序看,中国各项制度都是围绕人民当家作主构建的,治理体系都是围绕实现人民当家作主运转的。国体方面，中国实行人民民主专政。政体方面，中国实行人民代表大会制度。中国还坚持和完善中国共产党领导的多党合作和政治协商制度，巩固和发展最广泛的爱国统一战线，坚持和完善民族区域自治制度，坚持和完善基层群众自治制度。

从参与实践看，中国的全过程人民民主，把选举民主与协商民主结合起来，把民主选举、民主协商、民主决策、民主管理、民主监督贯通起来，涵盖经济、政治、文化、社会、生态文明等各个方面，关注国家发展大事、社会治理难事、百姓日常琐事，具有时间上的连续性、内容上的整体性、运行上的协同性、人民参与上的广泛性和持续性，使国家政治生活和社会生活各环节、各方面都体现人民意愿、听到人民声音，有效防止了选举时漫天许诺、选举后无人过问的现象。

评判一种民主形式好不好，实践最有说服力，人民最有发言权。有数据显示，近年来，中国人民对中国政府的满意度每年都保持在90%以上，这是中国民主具有强大生命力最真实的反映。民主的阳光照耀中华大地，中国人民享有广泛充分、真实具体、有效管用的民主——人民享有广泛权利，人民民主参与不断扩大，国家治理高效，社会和谐稳定，权力运用得到有效制约和监督。

坚定不移走符合国情的民主发展之路，是中国民主发展的一条基本经验。民主是多样的，实现民主的道路并非只有一条。照搬照抄其他国家的民主模式，必然导致水土不服、弊病丛生，甚至陷入政治动荡、社会动乱、人民流离失所。现实也反复证明，外部干涉和所谓的"民主改造"贻害无穷。

近日又有少数国家自诩"民主领袖"，组织和操弄所谓"民主峰会"，以同我即对、非我即错的霸道思维，把其他民主形式视为不民主甚至进行排斥打压，这本身就是不民主的。这种假民主之名、行反民主之实的行径，将是人类民主发展史上的笑话，注定不得人心。

所谓"民主领袖"们，需要懂得一个道理：民主不是装饰品，不是用来做摆设的，而是要用来解决人民需要解决的问题的。一个国家民主不民主，关键在于是不是真正做到了人民当家作主，要看人民有没有投票权，更要看人民有没有广泛参与权；要看人民在选举过程中得到了什么口头许诺，更要看选举后这些承诺实现了多少；要看制度和法律规定了什么样的政治程序和政治规则，更要看这些制度和法律是不是真正得到了执行；要看权力运行规则和程序是否民主，更要看权力是否真正受到人民监督和制约。

民主没有最好，只有更好。历史已经证明，中国的民主道路走得通、走得好；历史还将证明，中国共产党将领导中国人民不断丰富和发展中国式民主，让民主之树在中华大地上枝繁叶茂、永远常青。

《人民日报海外版》（2021年12月06日　02版）

坚定制度自信　不断发展全过程人民民主

《求是》杂志评论员

在 2021 年 10 月 13 日至 14 日召开的中央人大工作会议上，习近平总书记发表重要讲话，从完善和发展中国特色社会主义制度、推进国家治理体系和治理能力现代化的战略高度，明确提出新时代加强和改进人大工作的指导思想、重大原则和主要工作，深刻回答新时代发展中国特色社会主义民主政治、坚持和完善人民代表大会制度的一系列重大理论和实践问题。讲话丰富和拓展了中国特色社会主义民主政治和人民代表大会制度的政治内涵、理论内涵、实践内涵，为全党全国人民坚定制度自信、坚持中国特色社会主义政治发展道路、坚持和完善人民代表大会制度、不断发展全过程人民民主，指明了前进方向，提供了根本遵循。

制度是关系党和国家事业发展的根本性、全局性、稳定性、长期性问题。历史和现实都表明，制度稳则国家稳，制度强则国家强，制度优势是一个国家的最大优势。全面建设社会主义现代化国家、实现中华民族伟大复兴，必须有坚强的制度保障。"人民代表大会制度是符合我国国情和实际、体现社会主义国家性质、保证人民当家作主、保障实现中华民族伟大复兴的好制度，是我们党领导人民在人类政治制度史上的伟大创造，是在我国政治发展史乃至世界政治发展史上具有重大意义的全新政治制度。"在中国实行人民代表大会制度，是深刻总结近代以后中国政治生活惨痛教训得出的基本结论，是中国社会100多年激越变革、激荡发展的历史结果，是中国人民翻身作主、掌握自己命运的必然选择。

作为一种全新的政治制度，人民代表大会制度是党和人民的伟大创造，体现着一系列紧密联系、相互贯通的重要政治思想和理论原则，包含着一整套构建科学、运转协调的重要政治制度和行为规范。这一套制度，坚持中国共产党领导，坚持马克思主义国家学说的基本原则，适应人民民主专政的国体，有效保证国家沿着社会主义道路前进。这一套制度，坚持国家一切权力属于人民，最大限度保障人民当家作主，把党的领导、人民当家作主、依法治国有机结合起来，有效保证国家治理跳出治乱兴衰的历史周期率。60多年来特别是改革开放40多年来，人民代表大会制度不断巩固和完善，有效动员了全体人民以国家主人翁的地位投身社会主义建设、坚定不移地朝着国家发展的宏伟目标前进，切实保证了国家机关协调高效运转、保证国家统一有效地组织各项事业，有力维护了国家统一、民族团结和社会和谐稳定，为党领导人民创造经济快速发展和社会长期稳定"两大奇迹"提供了重要制度保障。

党的十八大以来，在以习近平同志为核心的党中央坚强领导下，在习近平总书记关于坚持和完善人民代表大会制度的重要思想指引下，人民代表大会制度理论和实践创新取得更加丰硕的成果，人民代表大会制度建设和人大工作取得历史性成就。与时俱进通过宪法修正案，确立习近平新时代中国特色社会主义思想在国家政治和社会生活中的指导地位；民法典重磅问世，为中国人民量身定制"权利宝典"，实现了几代人的夙愿；制定香港国安法、修改香港选举制度，推动"一国两制"行稳致远；"史上最严"环保法律密集出台或修改，为美丽中国建设保驾护航；施行30多年的全国人大组织法和全国人大议事规则首次修改，将"全过程民主"写入其中……每一部法律、每一项政策、每一个决议，都与党的主张和人民意愿同心同向，与民族复兴大业风雨同行。人民代表大会制度优势不断转化为治理效能，焕发出更加澎湃的生机活力。

人民代表大会制度之所以具有强大生命力和显著优越性，关键在于它深深植根于人民之中，承载着全过程人民民主的理念和实践。

"一座长长的彩虹桥，一头连着最高国家权力机关，一头连着基层群众。"这是人们对上海市长宁区虹桥街道基层立法联系点的形象描述。2021年6月1日，新修订的《中华人民共和国未成年人保护法》正式施行，与修订草案相比，其中删去了对未成年人监护人缴纳保证金的有关规定。这一修改来自一名普通中学生的建议，而这条建议正是通过虹桥街道转呈全国人大常委会法工委的。开门立法、倾听民声，设立基层立法联系点是全国人大立法工作的创新之举，也是我国践行全过程人民民主的生动缩影。

"全过程人民民主"，是以习近平同志为核心的党中央提出的重大理念，大大深化了我们党对民主政治发展规律的认识。2019年11月2日，习近平总书记来到虹桥街道，同正在参加立法意见征询的社区居民代表亲切交流，明确指出："人民民主是一种全过程的民主。"在庆祝中国共产党成立100周年大会上，总书记强调要"发展全过程人民民主"。在中央人大工作会议上，总书记对这一重大理念作出深刻阐释："我国全过程人民民主实现了过程民主和成果民主、程序民主和实质民主、直接民主和间接民主、人民民主和国家意志相统一，是全链条、全方位、全覆盖的民主，是最广泛、最真实、最管用的社会主义民主。"这些重要论述深刻阐明了我国人民民主的本质特征和显著优势，展现了强烈的中国特色社会主义民主自信和底气。

民主是全人类的共同价值,是中国共产党和中国人民始终不渝坚持的重要理念。如何把民主价值和理念转化为科学有效的制度安排,转化为具体现实的民主实践,需要注重历史和现实、理论和实践、形式和内容有机统一。评价一个国家政治制度是否民主,也不可能脱离特定社会政治条件来抽象评判。对此,习近平总书记提出了"八个能否"的标准:"评价一个国家政治制度是不是民主的、有效的,主要看国家领导层能否依法有序更替,全体人民能否依法管理国家事务和社会事务、管理经济和文化事业,人民群众能否畅通表达利益要求,社会各方面能否有效参与国家政治生活,国家决策能否实现科学化、民主化,各方面人才能否通过公平竞争进入国家领导和管理体系,执政党能否依照宪法法律规定实现对国家事务的领导,权力运用能否得到有效制约和监督。"

"履不必同,期于适足;治不必同,期于利民。"民主不是装饰品,不是用来做摆设的,而是要用来解决人民需要解决的问题的。习近平总书记创造性地提出"四个要看、四个更要看":"一个国家民主不民主,关键在于是不是真正做到了人民当家作主,要看人民有没有投票权,更要看人民有没有广泛参与权;要看人民在选举过程中得到了什么口头许诺,更要看选举后这些承诺实现了多少;要看制度和法律规定了什么样的政治程序和政治规则,更要看这些制度和法律是不是真正得到了执行;要看权力运行规则和程序是否民主,更要看权力是否真正受到人民监督和制约。"将西式民主模式奉为圭臬,这非常狭隘。如果人民只有在投票时被唤醒、投票后就进入休眠期,只有竞选时聆听天花乱坠的口号、竞选后就毫无发言权,只有拉票时受宠、选举后就被冷落,这样的民主不是真正的民主。

民主是各国人民的权利,而不是少数国家的专利。一个国家是不是民主,应该由这个国家的人民来评判,而不应该由外部少数人指手画脚来评判。国际社会哪个国家是不是民主的,应该由国际社会共同来评判,而不应该由自以为是的少数国家来评判。实现民主有多种方式,不可能千篇一律。用单一的标尺衡量世界丰富多彩的政治制度,用单调的眼光审视人类五彩缤纷的政治文明,本身就是不民主的。各国国情不同,每个国家的政治制度都是独特的,都是由这个国家的人民决定的,都是在这个国家历史传承、文化传统、经济社会发展的基础上长期发展、渐进改进、内生性演化的结果。中国特色社会主义政治制度之所以行得通、有生命力、有效率,就是因为它是从中国的社会土壤中生长起来的,符合中国的国情和实际,体现了广大人民的根本利益和共同意志。

我国全过程人民民主不仅有完整的制度程序,而且有完整的参与实践。人民依法享有广泛权利和自由,通过多种渠道和途径行使民主权利,体现在几年一次的投票选举上,体现在关系国计民生的重大公共事务决策上;体现在民主选举环节,体现在民主协商、民主决策、民主管理、民主监督等国家治理其他环节;体现在政治领域,体现在经济、文化、社会等领域,成为人们日常工作和生产生活的组成部分。比如,"十四五"规划编制过程中,习近平总书记亲自主持召开了7场专题座谈会,广大人民群众通过互联网提出意见建议超过101.8万条;历时5年的民法典编纂过程中,全国人大常委会10次审议,10次向社会公开征求意见,累计收到42.5万人提出的建议102万余条。北京胡同的"小院议事厅",浙江温岭的"民主恳谈会",江苏苏州的"协商议事室"……一项项生动的民主实践、创新的民主形式,也在基层竞相涌现,共同绘就全过程人民民主的动人图景。

"名非天造,必从其实。"20世纪八九十年代,所谓"历史终结论"、西式民主制度是"人类政府的最后形式"等论调曾风靡一时。一些发展中国家照抄照搬，结果却是政治动荡、社会动乱、民生凋敝。中国全过程人民民主的成功生动实践，向世界证明了一个道理：没有放之四海而皆准的民主模式，各国完全可以走出自己的道路来。英国著名学者马丁·雅克指出："长期以来被西方轻视的中国治理体系已经成为美国民主体制的强大挑战。过去40多年当中，哪种治理更有效，哪种最为民，自不待言。"墨西哥前驻香港总领事爱德华多·罗尔丹也认为："中国特色社会主义民主政治区别于西方民主的显著特征，就是全过程民主。这是一种以人民为中心的参与式民主，具有极大的创新价值和实践意义。"

人民民主是社会主义的生命。没有人民民主就没有社会主义，就没有社会主义的现代化，就没有中华民族伟大复兴。要在习近平新时代中国特色社会主义思想指引下，继续推进全过程人民民主建设，把人民当家作主具体地、现实地体现到党治国理政的政策措施上来，具体地、现实地体现到党和国家机关各个方面各个层级工作上来，具体地、现实地体现到实现人民对美好生活向往的工作上来。

人民代表大会制度是实现我国全过程人民民主的重要制度载体，是保证中国人民当家作主的重要途径和最高实现形式。人民代表大会制度优势发挥得越好，全过程人民民主就越有保障。

发挥好人民代表大会制度优势，就要贯彻落实好习近平总书记提出的"六个必须坚持"。一是必须坚持中国共产党领导，这是人民代表大会制度的内在要求和政治优势，也是做好人大工作的根本保证。二是必须坚持用制度体系保障人民当家作主，支持和保证人民通过人民代表大会行使国家权力，从各层次各领域扩大人民有序政治参与。三是必须坚持全面依法治国，把依法治国作为党领导人民治理国家的基本方略。四是必须坚持民主集中制，保证国家统一高效组织推进各项事业。五是必须坚持中国特色社会主义政治发展道路，这是符合中国国情、经过实践检验的正确道路。六是必须坚持推进国家治理体系和治理能力现代化，更好把人民代表大会制度优势转化为治理效能。"六个必须坚持"，集中概括了党的十八大以来人民代表大会制度理论和实践创新的新理念新思想新要求，是前进道路上人大制度建设和人大工作的基本遵循。

发挥好人民代表大会制度优势，就要毫不动摇坚持、与时俱进完善人民代表大会制度，加强和改进新时代人大工作。要全面贯彻实施宪法，维护宪法权威和尊严；加快完善中国特色社会主义法律体系，以良法促进发展、保障善治；用好宪法赋予人大的监督权、实行正确监督、有效监督、依法监督；充分发挥人大代表作用，做到民有所呼、我有所应；强化政治机关意识，加强人大自身建设；加强党对人大工作的全面领导。

"乔木亭亭倚盖苍，栉风沐雨自担当。"在第一届全国人民代表大会第一次会议上，毛泽东同志向世人宣告："我们正在做我们的前人从来没有做过的极其光荣伟大的事业。我们的目的一定要达到。我们的目的一定能够达到。"新的伟大征程上，更加需要坚定制度自信，不断发展具有强大生命力的全过程人民民主。

《求是》（2021年第21期）

全过程人民民主是人类民主的新形态

秦德君

习近平总书记在庆祝中国共产党成立 100 周年大会上强调:"践行以人民为中心的发展思想,发展全过程人民民主,维护社会公平正义,着力解决发展不平衡不充分问题和人民群众急难愁盼问题,推动人的全面发展、全体人民共同富裕取得更为明显的实质性进展!"这一论述揭示了全过程人民民主国家制度的特色和本质,体现了马克思主义的政治发展观,为新时代发展全过程民主确立了目标。全过程人民民主是中国特色社会主义最为显著的特色之一,是以人民性为本质特征的人类民主新形态。

首先,全过程人民民主是对马克思主义民主理论的创造性运用。在众多的民主理论和政治体系中,以"人民性"为核心的民主理论和阐释,是由 19 世纪产生的马克思主义来提供的。马克思主义在国家权力归属问题上正本清源,廓清了国家权力的本质、来源以及国家与社会关系等问题上的重重迷雾,使人民回到主导国家权力应有的位置,为中国特色全过程人民民主提供了理论基础。

自 1848 年《共产党宣言》发表以来,马克思恩格斯一直认为无产阶级国家的政权组织形式应该是建立巴黎公社式的无产阶级民主共和国政体。以毛泽东为代表的中国共产党人采取了更为结合国情的做法，中国特色社会主义全过程人民民主，是马克思主义国家学说在中国的民主实践和国家政治建设上的创造，凸现了"以人民为中心"的国家性质。

全过程人民民主的一个重要特性，是它广泛的人民性和"民主共和"特质，是在中国这个以工人、农民、知识分子等劳动者为主体的社会中形成的，体现了最大政治包容性。中国共产党作为无产阶级的先锋队和领导力量，虽在人口数量上占少数，却代表着社会化大生产发展方向。在实际运行中，中国的人民民主经历了民主革命和社会主义两个历史阶段。民主革命阶段，是中国共产党领导下的各革命阶级的联合专政，社会主义阶段，是无产阶级专政，但两个阶段的实质是同样的。

其次，制度是一个社会结构的灵魂。建设全过程人民民主的国家制度，是中国共产党人长期的探索和实践中，在国家制度上的创造。全过程人民民主首先是关于国家性质的一种界定，其次也是关于国家制度的一种政治选择。我国全过程人民民主是通过相应的国家制度建设来获得支撑的，这是在国家制度形态上的重大创造和创新。

一是全过程人民民主的政权制度，即人民代表大会制度。作为我国的根本政治制度，"人民行使国家权力的机关是全国人民代表大会和地方各级人民代表大会"（《中华人民共和国宪法》第二条）。这一制度是在长期革命斗争中根据巴黎公社和苏维埃制度原则、总结了革命根据地政权建设经验，又结合了现实情况后形成的。人民代表大会制度一个重要特性，是它的"人民性"即"民主共和"的性质和它的全过程民主性，体现了包括工人、农民、知识分子等在内的广大劳动者这一最大包容性，凸显了"以人民为中心"的国家性质。

二是全过程人民民主的政党制度，即中国共产党领导的多党合作制。中国共产党同各民主党派"长期共存、互相监督、肝胆相照、荣辱与共",共同治理国家。这一政党制度孕育于民主革命时期,确立于新中国成立后,进一步发展于改革开放时期特别是进入新时代。中国共产党领导的多党合作制,是一种多党民主参政的全过程民主型政党制度,各民主党派通过不同渠道和平台,开展政治协商的民主参政。

三是全过程人民民主的政治协商制度。中国特色协商民主的"特质"之一,是民主协商的全过程性,弥补了远程民主的缺陷。习近平总书记在庆祝中国人民政治协商会议成立65周年大会上指出:"社会主义协商民主,应该是实实在在的、而不是做样子的,应该是全方位的、而不是局限在某个方面的,应该是全国上上下下都要做的、而不是局限在某一级的。"这是对民主协商全方位性、全过程性的科学表达。中国特色社会主义政治协商制度通过广泛、多层、制度化发展,统筹推进政党协商、人大协商、政府协商、政协协商、人民团体协商、基层协商以及社会组织协商,反映出协商民主全过程性的"全领域"特征。

四是全过程人民民主的基层制度,即民族区域自治制度和基层群众自治制度。民族区域自治制度基于不同民族、不同地方社会经济和文化差异的实际状况,尊重各民族的主体地位,为激发地方创造精神和社会活力提供了巨大空间。这一制度型构也是对"单一制"条件下我国国家幅员辽阔、政策效能存在实际落差这一客观现状的一种裨补。基层群众自治制度具体体现为村民委员会和居民委员会自我管理、自我教育、自我服务、自我监督,这一制度型构最大的特点是尊重基层群众的首创精神,维护人民群众自治、参与民主治理的法理地位,容纳广泛的公民政治参与,成为实现全过程人民民主最为重要的基层制度支撑。

习近平总书记关于全过程人民民主重要论述，是对社会主义民主政治理论的重大创新，习近平总书记"七一"重要讲话中关于"发展全过程人民民主"的论述，为我国新时代新征程上更好地推进中国特色社会主义民主政治建设提供了科学指引，必将成为实现第二个百年奋斗目标新的赶考之路上的重要保证。

《光明日报》（2021年08月05日　11版）

全过程人民民主的鲜明特征和独特优势

王新生

在现代社会，绝大多数国家都肯定民主是政治活动应当追求的目标，但不同政体和国体决定着民主政治的不同类型，决定着一国能否实现其民主理想。新中国成立后，我国建立了人民民主专政的国体和人民代表大会制度的政体，并在此基础上逐步建立起一整套民主政治制度。这些民主政治制度，将人民当家作主的理念贯穿政治生活全过程，体现了我国人民民主及其代表的政治发展道路的鲜明特征和独特优势。习近平总书记指出，"我们走的是一条中国特色社会主义政治发展道路，人民民主是一种全过程的民主"。在庆祝中国共产党成立100周年大会上，他进一步强调，"发展全过程人民民主"。我国的全过程人民民主，是完整制度体系和广泛民主实践的有机统一，是适合中国国情的真实有效的民主。

全过程人民民主具有完整的制度体系

民主既是一种理念，也是一种制度，要想使美好的民主理念不落空，就必须有一套完整的制度程序加以落实。一种民主制度程序能否保障人民大众全过程、全方位参与政治活动，是衡量民主理念是否真正得到落实的重要标准。这既体现于整个制度体系是否完整，也体现于每项具体制度是否完整。

一百年来，为了将人民当家作主的民主理念落到实处，中国共产党领导人民对民主制度建设进行了艰辛探索，全过程人民民主链条不断加强、内容不断丰富，逐步形成了一整套人民民主制度体系。新民主主义革命时期，红色政权甫一成立便确立了苏维埃民主制度，抗战时期根据地建立的"三三制"政权极大推动了根据地的政治建设。社会主义革命和建设时期，人民代表大会制度、中国共产党领导的多党合作和政治协商制度、民族区域自治制度等一系列制度逐步建立健全，并在全国各层级政治生活中全面展开。改革开放新时期，以村民自治为重要内容的基层群众自治制度纳入民主制度体系，中国特色社会主义民主政治制度体系更加完整。进入新时代，以加强党的领导为切入点，以党的领导、人民当家作主和依法治国有机统一为基础，不断推进人民民主制度化、规范化和程序化，中国特色社会主义民主制度体系更加完善，规范性更加突出，优越性更加彰显。这些探索为在政治生活全过程落实人民民主的理念奠定了坚实制度基础。

当今中国，由人民代表大会制度、中国共产党领导的多党合作和政治协商制度、民族区域自治制度以及基层群众自治制度等共同构成的完整严密的中国特色社会主义民主政治制度体系，将人民当家作主的理念贯穿政治生活全过程。我国宪法规定，全国人民代表大会和地方各级人民代表大会，都由民主选举产生，对人民负责，受人民监督。国家行政机关、监察机关、审判机关、检察机关都由人民代表大会产生，对它负责，受它监督。宪法还对全国和各级人民代表大会的代表、组成、任期、职权、常设机构等各个方面和环节作出详细制度安排。这使人民代表大会这一根本政治制度在各个环节上体现人民当家作主，为其他制度的建立奠定了根本政治制度基础，规定了明确方向。中国共产党领导的多党合作和政治协商制度，通过民主协商会、双周协商座谈会等方式进行民主协商，使民主党派参与国家重大方针、政策、法律、法规的制定和执行，参与国家重大政治问题和国家机构领导人选的协商，全过程参与国家事务的管理，并对中国共产党及其领导下的国家机关工作进行监督。这一制度明确了作为执政党的中国共产党和作为参政党的各民主党派的合作关系、原则、前提、方针和准则，开创了独具中国特色的政党制度和协商民主道路。民族区域自治制度既符合我国国情，也符合各族人民根本利益，是现代国家处理民族关系的一种创新性民主制度实践，是我国全过程人民民主制度体系的重要一环。基层群众自治制度是依照宪法和法律由居民（村民）选举的成员组成居民（村民）委员会，实行自我管理、自我教育、自我服务、自我监督的制度，它使人民群众能够直接参与涉及切身利益的各类管理和决策，并在此过程中具有充分行使民主权利、表达合理诉求的机会。全过程人民民主建立在完整制度体系之上，为人民群众在各方面、各环节参与国家政治生活提供了牢固保障。

全过程人民民主保障人民完整的参与实践

民主既是一种理念和制度，也是一种实践，民主的理念和制度最终将在民主实践中加以落实。习近平总书记强调："社会主义民主不仅需要完整的制度程序，而且需要完整的参与实践。"人民民主制度的生命力，在于它来自人民群众的民主实践，而不是少数"精英"的思想实验。我国全过程人民民主的各种形式和环节——民主选举、民主协商、民主决策、民主管理、民主监督等，都是在中国共产党领导下的广大人民群众的参与实践中形成和发展起来的。正是因为它们来自人民的参与实践，是人民在实践中创造的，才能够在实践中得到真正的落实。

民主选举是人民行使政治权利的一种基本形式，也是全过程人民民主的一个重要环节。在全过程人民民主中选举之所以重要，是因为民主本身就是尊重多数人的意见，而在选举中人民能够根据自己的意愿，按照法定形式，以自下而上和公平投票的方式参与公共事务，使人民的意志得到客观体现。我国宪法明确规定，中华人民共和国年满18周岁的公民，不分民族、种族、性别、职业、家庭出身、宗教信仰、教育程度、财产状况和居住期限，都有选举权和被选举权。在实践中，无论是各级各类代表的产生，还是各级各类干部的任命，都要经过不同形式的选举程序，得到多数的认可。必须注意的是，民主选举是民主的重要环节和形式，但不是民主的全部内容。如果将民主仅仅或主要理解为选举，就不仅缩减了民主的真实性内容，而且降低了民主的规范性内涵，是对民主的片面理解，必将导致民主的扭曲。这是因为，民主的根本目的是通过不同意志的聚合，找到社会意愿和要求的最大公约数，以此为根据进行决策。选举是一种聚合人民意志并形成决策的有效方式，但却不是目的本身，更不是目的的完成，只是实现目的的一种手段。无论是否定还是夸大选举的作用和意义，都是对民主本质和目的的偏离。我国的人民民主，将民主选举作为全过程民主的一个重要环节，也同样重视民主决策、民主管理、民主监督等民主形式和环节的作用和意义。通过民主决策，广泛倾听民意、集中民智，使决策建立在民主和科学的基础之上；通过民主管理，使人民广泛参加国家事务、企事业特别是基层的管理，行使宪法赋予公民的权利和义务；通过民主监督，以党内监督、党际监督、人民代表监督、人民舆论监督、人民个体监督等方式，规范国家各级代表机关和党政公职人员的行为，使国家的各级各类公共事务在人民全过程监督下运行，使人民民主制度在实践中得到全过程落实。

协商民主是中国社会主义民主政治的特有形式和独特优势，渗透于各个民主环节。习近平总书记指出："在人民内部各方面广泛商量的过程，就是发扬民主、集思广益的过程，就是统一思想、凝聚共识的过程，就是科学决策、民主决策的过程，就是实现人民当家作主的过程。"在民主实践中，通过政党协商、人大协商、政府协商、政协协商、人民团体协商、基层协商以及社会组织协商等多种民主协商形式，我国的人民民主在扩大民主参与、整合利益分歧、增加理性共识、提升决策效率、促进民主监督等方面展现出独特优势，极大促进全过程人民民主的深入发展。

全过程人民民主是适合中国国情的真实有效民主

现代民主理念发端于资产阶级反对封建贵族特权的政治革命。这是资产阶级的历史贡献，但也决定了原初形态民主理念的历史局限。马克思主义认为，资产阶级民主制替代封建君主制，具有历史必然性和合理性。但马克思同时指出，"庸俗的民主派把民主共和国看做千年王国"。卢梭等早期资产阶级思想家将"人民主权"的民主理念奠基于"天赋人权"的抽象人性论之上，并将人性看作是永恒不变的，这就用永恒不变的抽象人性论证了资产阶级民主制的永恒合理性。马克思主义揭示了人的权利的现实根据，指出决定人的权利的是社会经济关系和社会文化发展，而不是抽象人性。马克思指出："权利永远不能超出社会的经济结构以及由经济结构所制约的社会的文化发展。"这科学揭示了生产方式变化决定人的社会关系和社会文化的发展变化，进而揭示了人的权利的客观来源，揭示了由社会生产方式的发展变化决定的民主制度的发展变化。在马克思主义看来，随着社会生产方式的发展变化，社会主义民主取代资产阶级民主是历史的必然。在历史发展中，虽然资本主义社会也在不断丰富民主理论，改善民主制度和实践，但其理念根基、制度本质没有改变。列宁深刻指出了资产阶级民主为少数人服务的本质和缺陷："资本主义社会里的民主是一种残缺不全的、贫乏的和虚伪的民主，是只供富人、只供少数人享受的民主。"我们在当代西方民主实践中看到的金钱操弄、赢者通吃、无厘头民主等现象，就是资本逻辑支配政治的曲折表现，而这些现象的根源在于理念的虚化和制度的残缺。在制度上强调投票的权利而缺乏对广泛参与的保障，人民只有在投票时被唤醒、投票后就进入休眠期，这样的民主必然是形式主义和残缺不全的。只有超越资产阶级民主形态，实现民主制度程序和民主参与实践的全过程，才能真正实现人民当家作主。

我国的人民民主，是全体人民的民主，遵循人民至上的理念，因此必然要求在制度建设和民主实践中将人民当家作主落实到每一个方面和环节，落实到全过程。与经历了几百年演变的西方民主相比，我国人民民主建立的时间较短，当然还需要在发展中不断完善。我国的人民民主是在马克思主义基本原理与中国具体实际相结合的过程中形成的，是最先进、最适合中国国情的民主。习近平总书记指出，"保证和支持人民当家作主不是一句口号、不是一句空话，必须落实到国家政治生活和社会生活之中"，"民主不是装饰品，不是用来做摆设的，而是要用来解决人民要解决的问题的"。只有适合中国国情的民主才是我们需要的民主；只有能够解决中国问题的民主才是对我们管用的民主。中国共产党的百年探索说明，中国的社会主义人民民主是全过程保障人民当家作主的民主，它所展现出的巨大优势和蕴含的巨大潜力,为全面建成社会主义现代化强国提供了坚强政治保障。

总之,我国全过程人民民主,具有先进的民主理念、完整的制度体系、全面的民主实践、独特的政治优势,是中国特色社会主义政治发展道路的制度基石和实践之根,是具有独特优势的真实有效的民主。

《光明日报》(2021年08月13日 09版)

深刻认识全过程人民民主的真正意义

中央党校（国家行政学院）习近平新时代中国特色
社会主义思想研究中心

马克思、恩格斯说过："民主是什么呢？它必须具备一定的意义，否则它就不能存在。因此全部问题在于确定民主的真正意义。"中国共产党领导的人民民主立足于人民本位，把马克思主义民主理论与中国实际结合起来、与中国优秀传统文化结合起来，找到了一条坚持党的领导、人民当家作主和依法治国有机统一的民主新路。习近平总书记指出，我们走的是一条中国特色社会主义政治发展道路，人民民主是一种全过程的民主。全过程人民民主体现在中国共产党治国理政全部活动之中，贯通于政治、经济、社会、文化等诸多领域，落实在民主选举、民主协商、民主决策、民主管理、民主监督等不同环节，体现了社会主义民主的广泛性、整体性。全过程人民民主坚持党性与人民性统一，为党领导和治理国家提供了制度性空间。实现民主有多种方式，不可能千篇一律。各国都有根据本国国情推进民主政治建设的权利，全过程民主发展了民主理论、扩大了民主范围、丰富了民主标准、拓宽了民主路径，使民主具有真正意义。

全过程人民民主实现了民主的平等性、共享性和整体性

马克思、恩格斯把人看作一切社会关系的总和，人是具体的、现实生活中的人，超越了资产阶级学者提出的"天赋人权""人生而平等"等抽象人假设。立足于这个逻辑起点，马克思主义者强调人的经济权利和政治权利的统一，强调民主是特定的上层建筑，以特定的社会经济为基础。由于人的政治权利的实现取决于经济权利的实现，人同时具有个体属性和社会属性，个人利益的实现最终取决于人民整体利益的实现。因此，马克思主义人民民主理论把"人"变成"人民"，立足于人民本位，把个人福利的改善与人民整体利益的实现统一起来，让广大人民拥有平等参与经济生活、共享发展成果的权利，使人民民主具有平等、共享、整体性特征。

建立在私有制基础上的自由民主理论则过分强调人的个体属性，无法克服个体理性经常导致集体无理性的公共治理难题。比如，基于个体利益考量的竞争性程序和技术规则并不一定代表大多数人的利益，沉默的大多数忽视整体利益，面对重大风险考验时缺乏共同方向和统一调度，资本与权力勾结形成既得利益集团，政党极化、对立和过度制衡导致公共政策难产，等等。对整体利益的忽视，必然导致公共产品和公共服务稀缺，最终让人民难以平等参与经济生活、共享发展成果。

中国式民主是建立在以公有制为主体、多种所有制经济共同发展基础上的人民民主，确保实现个体利益和整体利益方向一致，民主与民生相通，民主贯通于政治、经济、社会、文化等诸多领域，成为人民的生存方式和生活方式，最终实现人的全面发展和社会全面进步。

党的领导保证了全过程人民民主发展的正确方向

现代西方民主理论默认国家与社会互不兼容的异质性，出现"多数"与"少数"的悖论，即社会力量的崛起保护了多数人的权利与自由，却无力遏制国家成为少数人的国家。马克思创造性地提出"社会共和国"理想，以国家回归社会、变成社会内在力量来破解这个悖论。中国共产党作为最高政治领导力量，同时领导国家与社会，克服了国家与社会二元对立难题，把国家民主（如宪法秩序中的政权建设）和社会民主（如人民的监督、基层群众自治）统一起来，防止国家权力违背人民意志。一切党和国家公职人员都是人民的公仆，而非利益团体；一切党和国家机关都是政治机关，都要坚持人民属性，增强为人民服务的意识；建立健全党政问责制度，形成责任链条，等等。

由此，中国共产党建立了人民民主的价值体系、组织体系和制度体系，有效克服了个体自由与国家自主性之间的张力，防止出现民粹主义和官僚主义，确保民主与集中统一、活力与秩序统一。在党的全面领导下，全过程人民民主以实现人民意志作为正确方向，既实现社会的"众意"，也确保实现国家的"公益"，既调动各方面积极性，也形成统一意志。

全过程人民民主避免了民主形式主义

现代西方民主理论越来越将民主等同于选举，实际上出现了"选举时漫天许诺、选举后无人过问""党争纷沓、相互倾轧"等现象。全过程人民民主既有选举民主的基本要求和重要内容，也有协商民主的特有形式和独特优势。在全过程人民民主的制度环境中，有事好商量，众人的事情由众人商量，找到全社会意愿和要求的最大公约数，画出最大同心圆，这是人民民主的真谛。

党的十八大以来，中国共产党大力推进协商民主广泛多层制度化发展，不断完善人民参与公共事务决策的体制机制。党的十八届三中全会强调，在党的领导下，以经济社会发展重大问题和涉及群众切身利益的实际问题为内容，在全社会开展广泛协商，坚持协商于决策之前和决策实施之中。当前，协商民主已经成为中国人民参与公共事务决策的重要实现形式，避免了世界上不少国家"人民只有投票的权利而没有广泛参与的权利，人民只有在投票时被唤醒、投票后就进入休眠期"的"民主形式主义"。

党的群众路线是全过程人民民主发展的持久动力

列宁提出了"让群众自下而上地直接参加全部国家生活的民主建设"的基本原则，这是党的群众路线在社会主义国家政治生活中的具体运用。民主集中制是群众路线在党的生活中的运用，社会主义协商民主是群众路线在政治领域的重要体现。在当代中国，中国共产党把加强自身建设与推进人民民主结合起来，一个重要举措，就是以党内民主带动人民民主，这是发展社会主义民主政治一条切实可行、易于见效的途径。然而，发展党内民主必须坚持民主集中制这个大前提，推进党内民主不能弱化党的领导、破坏党的团结，否则党内民主不但带动不了人民民主，还会让人民民主失去方向。

党的十八大以来，中国共产党更加注重在坚持民主集中制前提下发扬党内民主，规定各级党组织负责人要发扬民主、善于集中、敢于担责；领导干部必须把民主素养作为一种领导能力来培养，作为一门领导艺术来掌握；领导干部在各项决策出台前必须经过深入调研、广泛听取各方面意见、进行反复讨论。在人民民主领域，中国共产党更加注重健全民主制度，丰富民主形式，拓宽民主渠道，从各层次各领域扩大公民有序政治参与，把党的群众路线贯彻到治国理政全部活动之中，确保党和国家在决策、执行、监督等各个环节都能听到人民声音，及时回应人民期待，不断实现人民对美好生活的向往，凝聚起最广大人民智慧和力量。

（执笔：祝灵君）

《光明日报》（2021年08月14日　07版）

全过程人民民主的推进之道

张贤明

民主是现代政治文明的普遍价值追求，也是现代政治社会不可或缺的制度安排。民主不仅仅是具有形而上色彩的抽象概念，更是根植于特定国家的社会结构、历史传统与时代背景等要素的具体安排。中国特色社会主义民主政治制度是在马克思主义指导之下结合中国国情建立起来的，是中国共产党领导的深刻实践与历史和人民的必然选择，全过程人民民主正是这一民主形态的精确阐释与科学表达。深入发掘全过程人民民主的理论内涵与制度优势，并在政治发展中不断推进与完善，具有重要的价值和意义。

全过程人民民主超越西方"一次性民主"

全过程人民民主是对中国特色社会主义民主本质特征的科学表达。习近平总书记指出，"我们走的是一条中国特色社会主义政治发展道路，人民民主是一种全过程的民主"。全过程人民民主的显著特征在于"全"，囊括民主选举、民主决策、民主协商、民主监督和民主管理等内容，是多层级民主运作界面、系统化民主运行流程、多样性民主操作形式的有机统一。作为一种新概念、新理念，全过程人民民主深刻且丰富的内涵需要从多角度把握。

全过程人民民主是相对于非全过程民主而言的。中国特色社会主义民主的本质是全过程人民民主，即人民民主通过"全过程"的特质表现出民主的真实要义。称其为全过程人民民主，超越的是西方式的"一次性民主""消费式民主"等"非全过程民主"。民主的重要尺度是公众参与，参与不仅仅意味着周期性的投票，更在于公众能够参与到国家治理的全过程中，在满足自身合法权益的同时扩大社会公益，进而改善和提升公共生活的品质。在此意义上，全过程人民民主通过系统的民主体系与操作流程来贯彻民主的原则，打通民主的政治生活与日常生活空间，将人民民主视为现代文明社会的生活方式。只有全过程，才能保证最广大人民的参与；只有全过程，才能让民主的结果更符合人民的利益；只有全过程，才能统合民主的程序与实质，实现人民当家作主。

全过程人民民主也是相对于将选举作为唯一标准的片面民主观而言的。选举无疑是民主的最重要特征，但并不是唯一的标准，民主的范畴与形式远超于此。对于民主的片面理解与偏执认识，不仅会使民主理论的演进趋于停滞，也会让民主的实践流于形式。西方将选举视为民主唯一标准的"自由民主"理论不仅未能让历史走向终结，反而让自己陷入了价值与实践危机。西方学者不得不重新审视民主的内涵与价值，希望通过重新挖掘民主的内核来赋予民主新的生机与活力。相比世界上形形色色的民主制度，中国特色社会主义民主以全过程人民民主的制度构架和体制机制，把民主协商、民主决策、民主监督、民主管理等民主形式，将不同层次、不同领域公共事务的治理，都纳入民主范畴，彰显了民主的价值内核与精神底蕴，是广泛、真实、管用的人民民主。

推进人民当家作主制度体系更加定型更加完善

全过程人民民主从根本上讲是要保障人民当家作主。发展全过程人民民主、推进人民当家作主制度体系更加定型更加完善，是中国式现代化道路的必然要求和重要内容。

党的领导、人民当家作主、依法治国有机统一。中国共产党领导是中国特色社会主义最本质特征，是人民当家作主和依法治国的根本保证。全过程人民民主作为中国特色社会主义民主政治，是在党的领导下建立起来的，只有坚持党的领导才能坚守马克思主义的基本品格，有效推进全过程人民民主的发展、更好实现人民当家作主。依法治国是党领导人民治理国家的基本方式，是党的领导和人民当家作主的重要保障，全过程人民民主必须在法治化轨道上运行才能沿着正确方向持续发展完善。

马克思主义基本原理同中国具体实际相结合。马克思主义深刻揭示了人类社会发展的规律，也指明了社会主义民主政治建设的一般性原则，中国特色社会主义民主政治建设是在马克思主义指导下进行的。民主是历史的、具体的，实现民主的形式是丰富多样的。全过程人民民主是民主一般性原则与中国基本国情的有机统一，体现了对人类优秀政治文明成果的借鉴，更体现了我国历史文化渊源和现实政治实践特点。推进社会主义民主政治制度化必须充分考虑中国基本国情、体现中国特色，着眼于解决现实问题，绝不能照抄照搬其他国家的模式和经验。

人民当家作主制度体系的系统性整体性协同性。人民当家作主制度体系包括人民代表大会制度、中国共产党领导的多党合作和政治协商制度、民族区域自治制度、基层群众自治制度以及社会主义协商民主制度等丰富的具体制度形式和运行机制。发展全过程人民民主必须从中国特色社会主义民主政治的根本要求和本质属性出发，着眼于体制机制的系统性、整体性和协同性，通过不同体制机制之间的紧密衔接、相互配合，发挥制度体系的行为规范、权利保障和关系协调作用，确保制度体系的所有组成部分和构成要素能够有效保证和促进人民当家作主的真实性、广泛性。

顶层设计与基层实践良性互动。全过程人民民主的发展过程是党集中统一领导和人民群众有序参与双向互动的实践过程。发展全过程人民民主必须始终坚持中国特色社会主义民主的基本制度和价值追求，根据经济发展水平、社会承受能力、人民群众意愿，积极稳妥推进各项改革，使民主政治建设始终处于成本较低、代价较小、风险可控的状态。同时，发展全过程人民民主也要充分尊重人民群众的主体性、创造性，鼓励基层群众自觉实践和勇于创新，始终坚持问题导向，将基层群众创造的成功经验经过试点和培育之后进行总结和推广。

民主发展与责任建设深度融合。人民民主是全过程民主，也意味着"全过程负责"。责任是始终伴随人类社会生活的政治价值和组织原则，全过程人民民主也必然要求将责任政治贯穿于民主制度建设的全过程。通过责任建设发展全过程人民民主，就是确保责任指向的人民本位，强化责任意识和责任担当，回应人民的美好政治生活需求。责任体系与全过程人民民主的深度融合，有利于建立健全稳定的责任制度结构，保证主体之间的行为承诺和期待，降低政治行为的成本和复杂性，保障全过程人民民主的顺利运行，充分发挥全过程人民民主的制度优势与治理效能。

《光明日报》（2021年09月11日　07版）

全过程人民民主的根本政治保证

杨学博　何民捷

全过程人民民主是对中国特色社会主义民主实践的最新概括，体现了中国式民主的鲜明特征、显著优势和强大生机活力，极大地丰富和发展了马克思主义关于人民民主的思想，为人类政治文明贡献了中国智慧。全过程人民民主是在中国共产党领导下形成、发展、实现的，党的领导是发展全过程人民民主的根本政治保证。

人民民主是中国共产党始终高举的旗帜。我们党自成立之日起，就把实现人民当家作主镌刻在自己的旗帜上，团结带领中国人民进行了艰苦卓绝的斗争。土地革命时期，《中华苏维埃共和国宪法大纲》规定："苏维埃全政权是属于工人、农民、红军兵士及一切劳苦民众的。""在苏维埃政权下，所有工人、农民、红军兵士及一切劳苦民众都有权选派代表掌握政权的管理。"我们党深刻认识到，只有建立起社会主义民主政治制度，保证和支持人民当家作主，让人民真正成为国家、社会和自己命运的主人，才能真正实现民族独立、人民解放和国家富强、人民幸福。回顾历史，从中华苏维埃代表大会到陕甘宁边区参议会，从解放战争时期的人民代表会议到人民代表大会制度的正式确立，一条主线清晰可见，那就是中国共产党始终立足中国实际、满足人民意愿，不断探索人民当家作主的新型政治制度。这些探索充分体现了我们党的性质宗旨和初心使命。中国共产党没有任何自己特殊的利益，从来不代表任何利益集团、任何权势团体、任何特权阶层的利益，而是始终代表最广大人民的根本利益。坚持中国共产党的领导，就能够始终支持和保证人民实现当家作主。

党的领导确保全过程人民民主的真实性。民主作为人类政治文明发展的产物，是全人类的共同价值。民主不能只是一句口号、一个标签，必须落实到国家政治生活和社会生活之中，真正发挥制度功效，让人民享有实实在在的权利。在我国，人民民主具有极大的广泛性和真实性。在党的领导下，我们建立起一系列保障人民当家作主的制度和法律，并且随着经济社会发展，广大人民的民主权利得到日益充分的实现。习近平总书记强调："在中国共产党领导的社会主义国家，一切权力属于人民，决不能依据地位、财富、关系分配政治权力！"在第十三届全国人大代表中，一线工人、农民代表占15.7%，专业技术人员占20.57%，都比上一届有所提高。生活在西藏的珞巴族只有几千人，也有一名全国人大代表。这在很多西方国家是不可想象的。全过程人民民主不仅关乎权力如何产生，更关乎权力如何使用。在党的领导下，人民不仅有民主选举的权利，而且有民主协商、民主决策、民主管理、民主监督的权利；不仅在选举时有投票的权利，而且有广泛持续深入参与日常政治生活的权利，有效防止了西方民主选举时漫天许诺、选举后无人过问的现象。

我们党通过制度体系保障人民当家作主真正落到实处。中国共产党领导是中国特色社会主义最本质的特征，是中国特色社会主义制度的最大优势。在党的领导下，我们建立起人民代表大会的根本政治制度，中国共产党领导的多党合作和政治协商制度、民族区域自治制度、基层群众自治制度等基本政治制度，形成了人民当家作主制度体系，为全过程人民民主的实现提供了可靠的制度保障。我国宪法规定，全国人民代表大会和地方各级人民代表大会都由民主选举产生，对人民负责，受人民监督。人民依照法律规定，通过各种途径和形式，管理国家事务，管理经济和文化事业，管理社会事务。在社会主义民主实践中，通过依法选举、让人民的代表来参与国家生活和社会生活的管理是十分重要的，通过选举以外的制度和方式让人民参与国家生活和社会生活的管理也是十分重要的。我们党既强调选举民主的作用，又注重发挥协商民主的优势。选举民主与协商民主这两种方式相互补充、相得益彰，保证了过程民主和结果民主、形式民主和实质民主、直接民主和间接民主的统一，避免了一些西方国家"选时有民主，选完没民主"的弊病。党的十八大以来，以习近平同志为核心的党中央坚持党的领导、人民当家作主、依法治国有机统一，不断加强人民当家作主的制度保障，不断提升社会主义民主政治的制度化、规范化、程序化水平。在人民当家作主制度体系中，民主选举、民主协商、民主决策、民主管理、民主监督贯穿其中、环环相扣，保证民主更加广泛、更加充分、更加健全。

始终着眼于"解决人民要解决的问题"，不断提升全过程人民民主的效能。评价一个国家的治理状况，不仅要看民主形式，还要看民主效能。在我国的民主实践中，民主不是装饰品，不是用来做摆设的，而是用来解决人民需要解决的问题的。中国式民主是真实保障人民权益的民主，能够充分尊重人民主体地位，及时回应人民需求和呼声。我们党把人民对美好生活的向往作为奋斗目标，通过具体的民主制度、民主形式、民主手段，把人民当家作主具体体现到国家政治生活和社会生活的方方面面。党的领导确保人民当家作主具体地、现实地体现到中国共产党执政和国家治理上来，具体地、现实地体现到中国共产党和国家机关各个方面、各个层级的工作上来，具体地、现实地体现到人民对自身利益的实现和发展上来，不断增强人民的获得感、幸福感、安全感。

  历史和现实已经充分证明：在中国，只有中国共产党才有能力、有威望把各方面力量组织起来，形成人民普遍参与的生动实践，避免各自为政的散乱局面；只有中国共产党才能自觉践行群众路线，真正了解民情、反映民意、集中民智、珍惜民力，代表最广大人民的根本利益；只有中国共产党才能充分协调各种利益诉求，广泛凝聚社会共识，最大限度照顾各方面利益；只有中国共产党才能形成高效决策机制，既充分发扬民主又有效集中，体现民主与法治、民主与效率的统一，避免议而不决、决而不行的局面。正是因为有中国共产党的坚强领导，全过程人民民主不断深入，人民群众才能持续享有和提升民主权利。

《学习时报》（2021年10月13日　02版）

全过程人民民主拓展人类政治文明新视野

李笑宇

人民民主是中国共产党始终高扬的光辉旗帜，是社会主义的生命。全过程人民民主是对人民民主在实践操作层次形成的新形态的一种理论概括，是对马克思主义民主观的具体运用。全过程人民民主在民主主体、覆盖领域和参与过程三个维度创造出了人民群众有效参与国家事务和社会事务管理的新机制与新形态，将人民群众的意志贯彻到了政治生活的各领域、各方面、各环节，丰富了人民民主的实现方式，提升了人民民主的运行质量，拓展了人类政治文明新视野。

一种全覆盖的民主

民主作为一种国家制度，属于政治上层建筑的范畴，被一定的经济基础所决定并为其服务。恩格斯指出，在历史上的大多数国家中，公民的权利是按照财产状况分级规定的，这直接地宣告国家是有产阶级用来防御无产阶级的组织。无论在雅典和罗马的奴隶制国家，还是在中世纪的封建国家，抑或是在现代资本主义国家都存在这种情况。列宁进一步从经济的视角剖析了民主的本质，明确指出生产关系、财产权和所有制是判断民主的性质以及民主所服务对象的根本标准。

全过程人民民主维系了人民民主的价值取向,是实现人民政治的理想政治建构。发展社会主义民主应当覆盖到最广泛的人群,使广大人民都享有最充分的民主权利。全过程人民民主的广泛性,首先体现在人民内部不设置排他性的社会条件,不分财产多寡,不分种族、性别和信仰,保证所有人民都平等地享有民主权利;其次体现在中国共产党的领导下,通过政党协商、人大协商、政府协商、政协协商、人民团体协商、基层协商以及社会组织协商,以凝聚理性共识为指引,广泛地凝聚各政党、各团体、各阶层的意志,找到最大公约数,画出最大同心圆,形成人民最广泛的大团结大联合;最后体现在以国家、民族和人民的整体利益、长远利益和根本利益为出发点和落脚点,超越了只代表部分利益的局部政治,还原了民主政治本应具有的公共性与普遍性,进而引领社会进步和国家发展,最终实现最广大人民的根本利益。

一种全领域的民主

马克思主义认为,政治民主是社会民主的前提和基础,社会民主则是民主政治的落脚点和归宿。资产阶级革命带来的政治解放将市民社会中的等级差别转变为没有政治意义的社会差别,使公民在政治领域获得了平等的政治权利,创造了政治领域的民主。但政治民主依旧是形式上的民主,仍然服务于市民社会中占据统治地位的阶级的经济利益。只有将民主从政治领域扩展到社会领域,消除市民社会领域中的不平等,实现社会解放,才能创造社会民主。它构成了未来无产阶级民主或社会主义民主的实现形式。因此,真正的民主不应只局限于国家的政治生活，还应当在经济生活、社会生活中广泛存在。

全过程人民民主不仅是政治领域的民主，还是经济领域和生活领域的民主，广泛地涉及了社会生活的各个方面。中国特色社会主义民主在实践中逐步发展出了一套人民当家作主的制度体系，主要包括人民代表大会制度、中国共产党领导的多党合作和政治协商制度以及三种基层直接民主形态，即以村民自治和居民自治为核心的城乡社区基层群众自治制度，以职工代表大会为基本形式的企事业民主管理制度和以恳谈会等方式为表现形式的决策议事协商会议民主制度。这些逐渐成熟定型的民主制度将民主的原则与运行机制在空间上贯彻到了城乡社区、党政机关、企事业单位和两新组织等区域单元和职域单元，在议题上纳入了有关社会生产和社会生活各个领域的公共问题，促进了政治民主、社会民主和生活民主的有机统一，使社会主义民主拥有了广泛和深入的社会基础，成为人们社会生活不可分割的部分。

一种全链条的民主

马克思主义认为，社会主义国家的权力源自于人民，国家应当由人民管理并进行监督。列宁在论述苏维埃政权建设时也提出了要广泛吸收工农兵群众参加国家行政机关和经济管理机关、改组工农检察院、加强群众对国家机关的监督，以克服官僚主义和形式主义。习近平总书记指出，人民是否享有民主权利，要看人民是否在选举时有投票的权利，也要看人民在日常政治生活中是否有持续参与的权利；要看人民有没有进行民主选举的权利，也要看人民有没有进行民主决策、民主管理、民主监督的权利。社会主义民主不仅需要完整的制度程序，而且需要完整的参与实践。可见，人民群众的持续参与是衡量民主质量的重要标志。全过程人民民主一方面通过充分运用群众路线、调查研究、协商对话、开门决策等方式以及法律制度的规范手段，为选举权、知情权、参与权、监督权、表达权的行使提供保障，使人民群众可以在日常政治生活中依法、主动、积极、持续地参与到国家事务和社会事务的管理，实现民主的形式与内容之间的统一；另一方面通过紧扣公共政策中规划、决策、执行、监督与反馈环节的整个流程，有效贯通了民主选举、民主协商、民主决策、民主管理、民主监督的全链条，提升了决策的科学性，加强了执行的有效性，强化了监督的公正性，保证人民群众能够在民主的不同环节和不同领域行使不同类型的民主权利，从而将人民的持续参与贯穿于国家治理和社会治理的全过程，实现民主的过程与绩效的统一。

中国共产党与人民群众是鱼水关系，站稳人民立场，牢记初心使命，是我们党领导人民进行革命、建设和改革不断取得胜利的根本保证。全过程人民民主生动地彰显出了人民民主的鲜明特质和独特优势，为落实人民当家作主的价值取向和制度框架提供了实践操作层次的保障，为破解当今世界面临的民主赤字、治理赤字和发展赤字提供了行之有效的中国方案，拓展了人类政治文明的新视野，是一种能够维护人民根本利益的最广泛、最真实和最管用的民主。

《学习时报》（2021年10月20日　02版）

全过程人民民主的制度优势和法治保障

周佑勇

习近平总书记在中央人大工作会议上的重要讲话,站在历史与时代的高度,深入阐述了全过程人民民主这一重大理念的理论内涵、鲜明特质、制度优势和实践要求,极大丰富和发展了社会主义民主政治理论。法治是民主的保障,发展社会主义民主,必须健全社会主义法治。我们必须充分认识全过程人民民主这一中国式民主制度的显著优势,坚持用制度体系保障人民当家作主,在法治轨道上不断加以推进和完善。

充分认识全过程人民民主的显著制度优势

发展全过程人民民主是中国式民主的本质要求。中国式民主是中国共产党领导的人民当家作主,是一种全过程的民主。首先,党的领导是实行全过程人民民主的根本政治保证。中国共产党始终代表最广大人民根本利益,与人民休戚与共、生死相依,没有任何自己特殊的利益,从来不代表任何利益集团、任何权势团体、任何特权阶层的利益。只有在党的领导下,才能从政治上保证人民享有最广泛最充分的民主权利,将最广大人民的意志有效凝聚起来,实现人民民主和国家意志相统一，保证人民当家作主。其次，人民性是全过程人民民主的本质属性。全过程人民民主，始终坚持以人民为中心，通过一系列法律和制度，切实体现人民意志、保障人民权益、激发人民创造活力，真正做到了人民当家作主。再次，全过程人民民主强调民主过程的全面性、真实性、有效性。我国全过程人民民主是全链条、全方位、全覆盖的民主，是最广泛、最真实、最管用的社会主义民主。这深刻揭示了全过程人民民主的鲜明特质。所谓全面性，就是指民主参与的流程和程序全链条、不断链，民主参与的主体和形式实现全方位、不缺位，民主实践的领域和范围做到全覆盖、无盲区。所谓真实性，就是整个民主过程由人民亲身参与，有真实的现场体验感。所谓有效性，就是成果被全体人民共享，人民在民主问题上有获得感，民主参与的期望能够在参与实践中得以实现。

全过程人民民主彰显中国式民主的显著优势。全过程人民民主所特有的鲜明特质，必然能够有效保证人民具有广泛参与权。这样的民主，既重视选举，强调选举民主的真实性，强调保护选举人的意志、遵从人民的意愿，同时也强调选举之后的日常治理，有效保证最广大人民尽可能最广泛地参与各个领域各个方面的国家治理和社会治理。这种治理不仅包括国家和社会事务的民主协商、科学决策，也包括对权力运行的制约与监督，确保人民赋予的权力始终掌握在人民手里，始终为人民服务。同时，还要求这种治理是一个合作治理的过程，在人民根本利益一致的基础上，强调共建共治共享，追求的是共识，形成的是最大公约数。

坚持用制度体系保障人民当家作主

充分发挥人民代表大会制度作为实现我国全过程人民民主的重

要制度载体作用。坚持好、完善好、发展好人民代表大会制度，就是发展全过程人民民主，就是支持和保证人民当家作主，必须切实把人大"四个机关"即政治机关、国家权力机关、工作机关、代表机关的性质职能在全过程人民民主实践中落实到位。各级人大及其常委会要充分发挥人大代表作用，丰富人大代表联系人民群众的内容和形式，切实做到民有所呼、我有所应。要保证人民依法行使选举权利，民主选举产生人大代表，保证人民的知情权、参与权、表达权、监督权落实到人大工作各方面各环节全过程，确保党和国家在决策、执行、监督落实各个环节都能听到来自人民的声音。完善人大的民主民意表达平台和载体，健全吸纳民意、汇集民智的工作机制，推进人大协商、立法协商，把各方面社情民意统一于最广大人民根本利益之中。

充分运用各种制度的力量来保证人民行使各项民主权利。除了要发挥好人民代表大会制度这个根本政治制度的主导作用外，还必须进一步健全社会主义协商民主制度，推进协商民主广泛多层制度化发展，深入开展政治协商、立法协商、行政协商、民主协商、社会协商、基层协商等多种协商，建立健全提案、会议、座谈、论证、听证、公示、评估、咨询、网络等多种协商方式。发挥人民政协作为协商民主重要渠道和专门协商机构作用，把协商民主贯穿履行职能全过程。进一步健全中国新型政党制度，推动各政党以合作、参与、协商为基本精神，以团结、民主、和谐为本质属性，实现各民主党派的广大成员和所联系群众各方面诉求的有序表达与利益整合。进一步健全基层群众自治制度，充分保证基层群众在农村的村民委员会、城市的居民委员会直接行使自治权，实现对基层公共事务和公益事业的参与、决策、管理与监督。进一步健全民族区域自治制度，依法治理相关的民族事务。这些制度的不断完善和切实执行，能够充分保证人民群众以不同方式、不同角色参与国家和社会事务管理,从而实现当家作主,确保全过程人民民主在国家和社会各个层面得以有效实施。

坚持在法治轨道上推进全过程人民民主

坚持法治为了人民、保障人民,全面贯彻和体现全过程人民民主的本质要求。全面依法治国最广泛、最深厚的基础是人民,必须坚持为了人民、依靠人民,将体现人民利益、反映人民愿望、维护人民权益、增进人民福祉落实到全面依法治国各领域全过程,使法律及其实施充分体现人民意志、保障人民权利、维护人民利益。人民权益要靠法律保障,法律权威要靠人民维护。人民对法治建设的参与程度,决定着法治发展的进程及其广度和深度。要不断探索有效机制,拓宽人民群众有序参与法治实施的渠道,扩大人民群众知情权、参与权、表达权、监督权,充分调动人民群众投身全面依法治国实践的积极性、主动性、创造性,依法保证人民通过各种途径和形式广泛持续深入参与国家治理和社会治理。要坚持不断创新人民参与立法、执法、司法、守法等法治建设各个环节各个方面的方式方法,充分尊重人民群众在实践活动中所表达的意愿、所创造的经验、所拥有的权利、所发挥的作用,激发蕴藏在人民群众中的创造伟力,形成全面依法治国的强大合力,使全面依法治国深深扎根于人民的创造性实践中,使全体人民都成为社会主义法治的忠实崇尚者、自觉遵守者、坚定捍卫者,为实现法治中国建设而努力奋斗、贡献力量。

加快完善中国特色社会主义法律体系,以良法促进发展、保障善治。以宪法为核心的中国特色社会主义法律体系为全过程人民民主提供了坚实的法律制度保障。我们党领导人民制定宪法，规定中华人民共和国的一切权力属于人民，规定人民行使国家权力的机关是全国人民代表大会和地方各级人民代表大会。我国宪法还全面系统规定了公民的基本权利和义务，确立的各项制度和大政方针都体现了人民当家作主，都是为了实现好、维护好、发展好最广大人民根本利益。我们要进一步完善宪法相关法律制度，保证宪法得到全面实施。要加强党对立法工作的集中统一领导，充分发挥人大及其常委会在立法工作中的主导作用，确保党的主张通过法定程序成为国家意志和人民共同行动。要深入推进科学立法、民主立法、依法立法，把全过程人民民主贯穿立法工作全过程，在提高质量的前提下加快立法修法步伐，尽快构建更加科学完备、统一权威的良法体系，努力使每一项立法和每一部法律法规都反映人民意愿，保障人民利益，得到人民拥护。特别是要紧紧围绕人民最关心最直接最现实的切身利益问题，切实加强教育、医疗、就业、住房、社保、收入分配、食品安全、生态环境等重点领域的立法，抓紧制定国家治理急需的法律制度、满足人民日益增长的美好生活需要必备的法律制度，以良法善治保障新业态新模式健康发展，积极回应人民群众对立法工作的新要求、新期待，通过法治增强人民群众的获得感、幸福感、安全感。

健全社会公平正义法治保障制度，全方位加强人权法治保障。公平正义是人民的期盼，也是法治的生命线和核心价值追求。推进全面依法治国，根本目的是依法保障人民权益。发展全过程人民民主，必须全方位加强人权法治保障，紧紧围绕维护和促进社会公平正义这一法治价值追求，努力让人民群众在每一项法律制度、每一个执法决定、每一宗司法案件中都感受到公平正义。不断巩固和拓展公民依法享有政治权利、经济权利、社会权利、文化权利等广泛权利，保障全体社会成员平等参与、平等发展、共同富裕的权利，积极稳妥有序实现人的自由全面发展。要继续推进法治领域改革，解决好立法、执法、司法、守法等领域的突出矛盾和问题，用制度来促进、维护和保障社会公平正义。推进全面依法治国，法治政府建设是重点任务和主体工程。要深入推进依法行政，加大关系人民群众切身利益的重点领域的执法力度，坚决做到严格规范公正文明执法，确保法律公正、有效实施。司法机关是维护社会公平正义的最后一道防线。为满足人民群众对公平正义的需要，必须进一步规范司法权运行、深化司法责任制综合配套改革，加快构建规范高效的法律监督体系，完善人权司法保障机制，健全防范冤假错案机制，努力让人民群众真正感受到公平正义就在身边。

《学习时报》（2021年11月29日　01版）

发展全过程人民民主

张树华

中国之治之所以取得举世瞩目的成就,一条重要经验就在于,中国共产党立足本国历史传统和现实国情、借鉴人类政治文明成果,确立了一套人民民主的政治制度,实现了真正的人民当家作主。习近平总书记在庆祝中国共产党成立 100 周年大会上提出"发展全过程人民民主",为推进中国特色社会主义民主政治建设指明了方向。

一

人民当家作主是社会主义民主政治的本质和核心,人民民主是一种全过程的民主。我国的人民民主坚持以人民为中心的价值导向,坚持人民至上,广泛体现人民意志、真实保障人民权益、有效激发人民创造活力,依靠人民参与,保障人民民主权利。国家的发展和进步一切依靠人民,一切为了人民,发展成果由人民共享。发展全过程民主,可以使亿万普通人民群众更好地通过各个领域的民主制度和各个层次的民主形式,共同行使管理国家事务、管理经济和文化事业、管理社会事务的权力。

我国的人民民主是广泛体现人民意志的民主,发展全过程人民民主，道出了我国人民当家作主的本质要求，彰显了社会主义民主的显著优势。中国共产党始终代表最广大人民根本利益，与人民休戚与共、生死相依，没有任何自己特殊的利益，从来不代表任何利益集团、任何权势团体、任何特权阶层的利益。在伟大的抗疫斗争中，中国共产党和中国政府始终坚持以人民为中心，奉行生命至上、人民至上原则，把人民的生命权、健康权放在首位，全国上下同心，社会各界齐心合力，抗疫斗争和复工复产迅速取得明显成效。这场突如其来的全球抗疫斗争是一场世界范围的政治大检验，不同政党的政治理念和执政能力高下立判，民众信任度的差距也一目了然。

近年来，越来越多的民意调查结果显示，中国共产党和中国政府在民众中享有超高信任度，而这是其他国家政府或政党难以企及并羡慕不已的。2020年7月，美国爱德曼公关公司发布的一项政治信任度调查显示，中国民众对本国政府信任度达95%，较新冠肺炎疫情暴发初期上升5个百分点，在受访国家中排名第一，中国已连续3年排名世界第一。2021年5月4日，西班牙中国政策观察网站发表题为《当民主就是信任》的文章指出，不承认中国拥有西方许多所谓"民主国家"都想拥有的公民支持度，是有失公允的。

民心是最大的政治，得民心者得天下。人心向背关系党的生死存亡。中国共产党来自人民、依靠人民、服务人民，全过程人民民主体现人民意志、维护人民利益、保障人民福祉。党代表的是全体人民的、中华民族的整体利益和长远利益。中国共产党有着强大的领导力、组织力、号召力和动员力，在中国人民心目中享有崇高威信，得到广大人民群众的广泛支持和衷心拥护。西方一些政客企图挑拨离间中国人民和中国共产党，将中国共产党同中国人民分割开来、对立起来的企图，只是痴心妄想，绝不会得逞。9500多万中国共产党人不答应，14亿多中国人民也不答应。

全心全意为人民服务是党的根本宗旨，必须以最广大人民根本利益作为一切工作的根本出发点和落脚点，坚持把人民拥护不拥护、赞成不赞成、高兴不高兴作为制定政策的依据，顺应民心、尊重民意、关注民情、致力民生。新时代中国共产党人继往开来，将继续团结带领中国人民不断为美好生活而奋斗。要始终秉持党的性质宗旨，站稳人民立场，贯彻党的群众路线，尊重人民首创精神，践行以人民为中心的发展思想，把人民对美好生活的向往作为奋斗目标，推动改革发展成果更多更公平惠及全体人民，推动共同富裕取得更为明显的实质性进展，凝聚起推动中华民族伟大复兴的磅礴力量。

二

民主是各国人民的权利，而不是少数国家的专利。实现民主有多种方式，不可能千篇一律。在中国，民主不是仅仅行使周期性投票权的狭义和狭隘的民主，而是坚持以人民为中心，旨在保障和实现人民政治、经济、文化、社会、生态等广泛权利的人民民主。全过程人民民主是社会主义民主政治的鲜明特点，是一种全要素、全链条、全方位的民主。人民民主以全过程的程序和形式，保证人民意愿的代表性和真实性，体现人民利益的全局性、长远性和根本性。全过程人民民主通过一系列法律和制度安排，真正将民主选举、民主协商、民主决策、民主管理、民主监督各个环节彼此贯通起来，是最广泛、最真实、最管用的民主。

全过程人民民主意味着民主的所有要素、所有环节一个都不能少。习近平总书记指出，人民民主是一种全过程的民主，所有的重大立法决策都是依照程序、经过民主酝酿,通过科学决策、民主决策产生的。在中国,重大决策往往经过民意征集、民主酝酿,广泛听取意见,通过科学论证、民主决策产生的。各层级意见建议尤其是基层民意,经过听证、函询、座谈、网络问政等多种方式被广泛纳入决策程序中。党的十八大以来,中国共有187件次法律草案向社会征求意见,有约110万人次提出300多万条意见建议,许多重要意见得到采纳。基层立法联系点是反映民情、倾听民意、汇聚民智的"直通车"。2015年以来,全国人大常委会法工委设立了多个基层立法联系点。截至2021年6月,各立法联系点对109部法律草案、立法工作计划等提出近6600条意见建议,经认真分析研究,许多好的意见建议被吸收采纳。

全链条、全过程的人民民主,为凝聚最大政治共识和全社会智慧提供了制度保证。坚持顶层设计和问计于民相统一,《中共中央关于制定国民经济和社会发展第十四个五年规划和二〇三五年远景目标的建议》建议稿起草的过程,就是一个发扬民主、开门问策、集思广益的过程。在这个事关国家未来发展的重大远景规划设计和决策过程中,习近平总书记亲自指挥谋划,多次主持召开重要会议,多次赴地方调研考察。中国五年规划编制史上首次通过互联网向全社会征求意见建议。2021年全国"两会"上,代表委员认真审查讨论规划纲要草案,最终,在吸收各方面意见和建议基础上对规划纲要草案作出55处修改。十三届全国人大四次会议闭幕会上高票通过"十四五"规划和2035年远景目标纲要的决议。以上这些数据和事实,都是广泛真实管用的全过程人民民主的生动写照。

作为实现人民当家作主的一个重要实践平台,各级人民代表大会是全过程人民民主的重要一环。凡是人民代表大会及其常委会讨论决定的重大事项,会前都要经过多道"工序":深入各地调研,多方充分论证，广泛听取各方面意见建议。每一次表决通过时响起的热烈掌声，真实体现了我国全过程人民民主的民心所向。

为更好保障人民当家作主，十三届全国人大四次会议新修改的全国人大组织法将"坚持全过程民主"写入法律，这就将全过程人民民主的实践创新纳入了制度化和规范化的渠道。这将发挥人民代表大会制度在发展人民民主中的引领作用，进一步推动从制度和实际运行上保证全国人大及其常委会始终同人民保持密切联系，倾听人民的意见和建议，体现人民意志，保障人民权益。

在中国，人民民主形式的多样性与实践的创新性相辅相成、相得益彰。协商民主在中国有着丰厚的实践经验和理论结晶。有事好商量，众人的事情由众人商量，找到全社会意愿和要求的最大公约数，是人民民主的内在要求。中国构建并完善程序合理、环节完整、形式多样的社会主义协商民主体系，不断推动协商民主广泛、多层、制度化发展，统筹推进政党协商、人大协商、政府协商、政协协商、人民团体协商、基层协商以及社会组织协商等各个领域的协商民主建设。近年来基层协商民主实践不断拓展，类型多样，主题不一，范围适当，有效发挥了协商民主在了解民情、反映民意、疏解民忧上的重要作用。

经过中国共产党长期的实践探索，社会主义民主不断发展，民主制度不断健全，民主形式不断丰富，民主渠道不断拓宽。我国的民主样态越来越丰富多彩，既有中国共产党的党内民主，也有党际民主和人民监督；既有政治民主，也有经济民主、社会民主；既有立法民主，也有司法民主；既有选举民主，也有协商民主，等等。实现了直接民主与间接民主相衔接、纵向民主与横向民主相促进、形式民主与实质民主相统一，推进了人民民主的程序性与实体性、代表性与广泛性相互融合、相互贯通。

三

近年来,西方政治生活中"精英政治""金钱政治"盛行,新兴资本和老寡头争权夺利,财阀操控选局,深谙势力掌权当道。一些政党、政客为谋取选票不择手段,急功近利,置普通民众利益于不顾。中国共产党始终站稳人民立场,贯彻党的群众路线,尊重人民首创精神,践行以人民为中心的发展思想,发展全过程人民民主,维护社会公平正义。

习近平总书记指出:"人民只有投票的权利而没有广泛参与的权利,人民只有在投票时被唤醒、投票后就进入休眠期,这样的民主是形式主义的。"在一些号称"自由民主"的国度,民主往往是即时性、间歇性的。普通民众只有投票的权利而缺少日常表达利益诉求的渠道。民众只能每隔一段时间一次性、短时间的投票,缺乏全程和经常性的政治参与和民主表达。

发展全过程人民民主有利于国家稳定、防止社会分裂,彰显出"中国之治"的制度优势。与西方政治中"纸牌屋"式的暗箱操作、利益争夺、党派对立等现象截然不同,中国共产党领导下的各国家机关和各地区、各界别的目标一致,都是为了实现好、维护好、发展好最广大人民的根本利益。为了国家的光明未来和百姓的幸福生活,代表们认真审议各项报告,既充分肯定成绩,又不回避矛盾、不掩盖问题,积极协商议政、建言献策,寓支持于监督之中。国务院及其有关部门、最高人民法院、最高人民检察院认真听取代表、委员意见建议,积极改进工作,回应人民关切,充分体现自觉接受人民监督的政治主动。正是这种监督与被监督的良性互动,使政权更加稳固、人民更加团结、社会更加和谐。

发展全过程人民民主,就是要切实调动广大人民群众的积极性、主动性、参与性。民主恳谈会、村民议事会、居民论坛、小区协商、业主协商、村（居）民决策听证等一系列丰富多样的协商形式在中国城乡社区蓬勃生长，既实现了人民群众更广泛的政治参与和更有效的民意表达，又发挥了民主在了解民情、反映民意、疏解民忧上的重要作用。人民群众来参与，人民群众来监督，满足人民群众的发展需求和安全需要，实现了形式与效能的完美结合和有效统一，这就是我国全过程人民民主的鲜明优势。从群众中来，到群众中去，人民民主的丰富实践有效地防止了西方"民主"制度中政客在选举时轻易承诺、漫天许愿，选举后抛诸脑后、毫无担当等民主乱象。

习近平总书记说："民主不是装饰品，不是用来做摆设的，而是要用来解决人民要解决的问题的。"人大代表来自人民、代表人民。人民代表是践行全过程人民民主的重要纽带。人民代表通过履行代表职责，及时把人民群众最关心、最直接、最现实的问题通过适当的渠道反映给党委和政府。对于一时难以解决的问题，给予正面引导和解释；对于带有普遍性的问题，依法提出议案和建议，推动从法律、政策层面予以解决。多年来，每年春天的全国"两会"都是举世瞩目的重要政治节日，组成了展示全过程人民民主的一幅幅生动画面。各地"两会"的"热度"往往体现的是体恤民情、关怀民生的"热度"。从中可以看到百姓对美好生活的向往和期盼，看到代表、委员们依法履职积极作为的责任感和使命感，看到公民在政治生活中的参与感和认同感。

面对世界百年未有之大变局，破除对西式"民主"的迷信，冲破西式政治叙事和逻辑框架的束缚，正当其时。丰富人民民主形式、创新全过程人民民主实践，总结我国社会主义民主建设和政治发展经验，提炼中国特色社会主义民主观和政治价值理念，传播中国声音，讲好中国故事，为人类文明发展贡献中国智慧和中国方案，正当其时。

人民民主制度，是中国共产党的伟大政治创造。中国共产党领导是全过程人民民主的根本政治保证，要进一步加强党的领导，丰富人民民主样态，持续提升全过程人民民主质量，发挥好社会主义民主政治的先进性和优越性。

《红旗文稿》（2021年第17期）

马克思主义人民民主思想的重大突破

天津市人大常委会党组理论学习中心组

习近平总书记在庆祝中国共产党成立100周年大会上的重要讲话中强调,"发展全过程人民民主"。这是对百年来在党的领导下实现和发展人民民主历史经验的理性升华,是对我国社会主义民主本质特征和实践要求的深刻洞见,是对马克思主义人民民主思想的重大突破。

一、百年民主结晶:全过程人民民主的历史根基

马克思主义认为,"无产阶级革命将建立民主的国家制度,从而直接或间接地建立无产阶级的政治统治"。一百年来,我们党始终高举人民民主的旗帜,坚持以马克思主义人民民主思想与中国具体实际相结合,致力于建设人民当家作主的新社会,谋求民族复兴、探索人民民主贯穿于革命、建设、改革和新时代的全部历史过程。

新民主主义革命时期,我们党革命任务"中心的本质的东西是争取民主"。从党的二大制定"统一中国为真正的民主共和国"等最低纲领,到中华苏维埃第一次全国代表大会通过《中华苏维埃共和国宪法大纲》,明确规定"建设的是工人和农民的民主专政的国家,

苏维埃全部政权是属于工人、农民、红军及一切劳苦民众的",人民民主原则照射进现实、贯彻到实际,成为我们党带领人民建设民主政权的重要实践。从抗日根据地民主政权颁布《陕甘宁边区施政纲领》,实行"三三制"原则,到党的七大提出"解放全国人民,建立一个独立、自由、民主、统一、富强的新中国",再到中国人民政治协商会议召开并通过起临时宪法作用的《中国人民政治协商会议共同纲领》,马克思主义人民民主思想在中国落地生根,人民民主政权的中国特色初步彰显。

新中国建立后,中国人民真正成为国家、社会和自己命运的主人。到1951年,成立了从中央到地方各级人民政府,人民民主政权成为中国历史上不曾有过的、真正得到人民拥护的、在全国范围内有效行使权力的政权。1954年召开的一届全国人大一次会议,制定了新中国第一部宪法,体现了人民民主原则和社会主义原则,确定了中国人民行使当家作主权利的新型政治制度。这是我们党带领人民在人类政治制度史上的伟大创造,是中国人民翻身作主、掌握自己命运的必然选择。

改革开放迎来我国人民民主发展的新时期。我们党总结发展社会主义民主正反两方面历史经验,强调"没有民主就没有社会主义""社会主义民主的本质是人民当家作主""人民民主是社会主义的生命",成功开辟和坚持了中国特色社会主义政治发展道路。从党和国家领导制度的改革到社会主义民主法制建设的推进再到"依法治国、建设社会主义法治国家",从中国特色社会主义法律体系形成到基层群众自治制度纳入中国特色社会主义政治制度基本范畴,更好地顺应了时代要求和人民期待。

随着中国特色社会主义进入新时代,以习近平同志为核心的党中央从坚持正确的政治发展道路的原则高度,对谋划和推进民主政治建设、发展人民民主提出了一系列新理念新思想新要求。从"人民民主是中国共产党始终高举的旗帜"的初衷不改到"没有民主就没有中华民族伟大复兴"的深谋远虑，从"中国特色社会主义政治发展道路，是近代以来中国人民长期奋斗历史逻辑、理论逻辑、实践逻辑必然结果"的深刻揭示到评价国家政治制度优劣的"八个能否"的实践标准，从"健全人民当家作主制度体系"的梯次推进到国家治理体系和治理能力现代化的全面部署，从"人民民主是一种全过程民主"的高度凝练到"发展全过程人民民主"的硬核举措，集中体现着我们党推进中国特色社会主义民主政治的理论创新、实践创新、制度创新，为丰富和深化马克思主义人民民主思想作出了重要贡献。

纵观我们党的百年发展史，就是一部争取民族独立、人民解放的牺牲奋斗史，一部探索人民民主新路、发展人民民主形式的创新创造史。全过程人民民主是我们党百年探索人民民主道路并为之牺牲奋斗、创新创造的历史结论。正是由于在践行初心使命中坚守和发展全过程人民民主，我们党赢得了人民的心、守住了人民的心，人民群众对我们党的信任不断巩固，对实现中华民族伟大复兴的信心不断增强，汇聚起迈进全面建成社会主义现代化强国第二个百年奋斗目标的磅礴伟力。

二、坚持党的领导：全过程人民民主的根本保证

习近平总书记强调，中国共产党领导是中国特色社会主义最本质的特征，是中国特色社会主义制度的最大优势，是党和国家的根本所在、命脉所在，是全国各族人民的利益所系、命运所系。坚持党的领导是发展全过程人民民主的题中应有之义，也是其最大政治

优势和根本政治保证，充分体现了党和人民密不可分的血肉联系，是对马克思主义人民民主思想和共产党执政理论的重大原创性贡献。

党的领导确保团结人民群众凝聚成为有机整体。中华民族近代以来180多年的历史和我们党成立以来100年的历史深刻昭示，"革命党是群众的向导，在革命中未有革命党领错了路而革命不失败的"。我们党依靠民主集中制这一根本领导制度、工作制度，"充分地发挥一切革命人民的意志""最有力量地去反对革命的敌人"，把一盘散沙的旧中国变成了众志成城的新中国。中华人民共和国成立以来70多年的正反两方面历史经验充分证明，"不要党的领导的民主，不要纪律和秩序的民主，绝不是社会主义的民主"，"这事实上只能导致无政府主义，导致社会主义事业的瓦解和覆灭"。历史教益充满血泪——发展人民民主，无论是靠人民群众的自发斗争，还是靠资产阶级、小资产阶级政党都不管用、行不通；历史真理颠扑不破——什么时候坚持和加强党的领导，人民民主事业就兴旺发达，人民群众就团结幸福；什么时候党的领导受到削弱，人民民主事业就遭到破坏挫折，人民群众就会涣散蒙难。

党的领导确保实现好、维护好人民的根本利益。马克思主义认为，"国家政权的一切政治经济工作都由工人阶级觉悟的先锋队共产党领导"。同样，中国共产党领导人民实行人民民主，就是保证和支持人民当家作主。我们党始终代表最广大人民根本利益，与人民休戚与共、生死相依，没有任何自己特殊的利益，从来不代表任何利益集团、任何权势团体、任何特权阶层的利益。正因如此，我们党始终坚持全心全意为人民服务的根本宗旨，践行以人民为中心的发展思想，通过全方位、深层次、创造性构建完善民主选举、民主决策、民主协商、民主管理、民主监督等一整套制度安排，切实体现人民利益、反映人民意志、维护人民权益、增进人民福祉，确保了人民当家作主。在发展全过程人民民主中，任何想把我们党同人民分割开来、对立起来的想法做法，在理论上是错误的，在实践上是有害的。

党的领导确保整合民主与法治为有机统一体。没有法治的民主和没有民主的法治同样是不可想象的。没有法治保障，民主将寸步难行，甚至沦为"多数人的专政"。没有民主，法治是一纸具文，只能成为"骗人的附属物"。这个结论适用于西方，也适用于中国。《中华人民共和国宪法》以根本法的形式反映了在历史和人民选择中形成的党的领导地位，反映了我们党带领人民推进社会主义民主政治建设所取得的重大成果，确认了中国共产党的执政地位，确认了党在国家政权结构中总揽全局、协调各方的领导核心地位，这是坚持党的领导的法理依据。同时，我们党坚持以伟大自我革命引领伟大社会革命，坚持以深化党内民主推动全过程人民民主，坚持民生建设和民主建设协同发力、选举民主与协商民主相互补充，更好地寻求、整合、落实、反馈全社会意愿和要求的最大公约数，形成人民当家作主的独特优势和最佳效能，这是发展全过程人民民主的深层机理。

发展全过程人民民主，必须时刻保持清醒的理论自觉、历史自觉和实践自觉，把坚持和加强党的领导贯彻到全过程人民民主的各方面、各环节，确保全过程人民民主始终沿着正确道路前进，确保人民民主不变质、不变色、不变味，确保红色江山世世代代传下去。

三、人民当家作主：全过程人民民主的核心要义

马克思主义认为，"全部问题在于确定民主的真正意义""不是国家制度创造人民，而是人民创造国家制度"，要让人民"自下而上

地直接参加全部国家生活的民主建设"。保证和支持人民当家作主既是对马克思主义人民民主思想的继承和深化，又是在新时代下发展全过程人民民主的本质和核心。

全过程人民民主始终坚持人民主体地位。习近平总书记强调，江山就是人民、人民就是江山，打江山、守江山，守的是人民的心。中国共产党根基在人民、血脉在人民、力量在人民。发展全过程人民民主必须把人民作为创造主体，尊重人民首创精神，紧紧依靠最广大人民群众，从人民群众的实践中汲取创建、发展、巩固、完善民主政治体制的不竭动力；必须把人民作为权力主体，当作我们党治国理政的最大依靠，引导党员干部做全心全意为人民服务的公仆，始终做到一切权力源于人民、一切权力属于人民、一切权力为了人民；必须把人民作为评价主体，坚持"时代是出卷人、我们是答卷人、人民是阅卷人"，把人民答应不答应、高兴不高兴、满意不满意作为检验全过程人民民主成效成色的根本尺度。

全过程人民民主充分保障人民民主权利。在民主选举方面，在依法保障符合宪法规定的中国公民人人享有民主选举权利的同时，着力深化和加强代表工作，推动各级人大代表密切联系群众，始终对人民负责，自觉接受人民监督。在民主决策方面，不断拓宽民主渠道，通过听证会、咨询会、论证会、评议会等方式和网络等信息化载体，有序组织人民群众直接参与国家重大事项决策，有力落实人民群众知情权、参与权和建议权。比如，在"十四五"规划编制过程中，中央有关部门首次通过互联网向全社会征求意见和建议，收到建言101.8万条，成为人民群众直接参与重大决策的鲜活写照。在民主协商方面，既围绕党和国家大事开展政治协商、政党协商、人大协商，也围绕具体立法事项、政策制定等，开展立法协商、政策咨询等，画好民心民意同心圆。在民主管理方面，全过程人民民主延伸至乡村社区等基层治理和企事业管理，让人民群众真正成为主人翁。在民主监督方面，通过信访、评议、新闻舆论监督等方式依法保障人民群众的批评建议、申诉、控告或检举等权利。

全过程人民民主不断健全人民当家作主制度保障体系。坚持把人民代表大会制度作为人民当家作主的重要途径和最高实现形式，抓住提高立法质量这个关键，立良法、立好法、立务实管用之法，完善以宪法为核心的中国特色社会主义法律体系，强化对权力运行的监督，保持同人民群众的密切联系，巩固人民代表大会制度的根本性、基础性地位，更好发挥全过程人民民主实践主渠道作用。十三届全国人大四次会议修改全国人大组织法和全国人大议事规则，贯穿着落实全过程人民民主的具体要求，市人大将按程序修改天津市人民代表大会议事规则，制定天津市居民委员会工作条例等法规，从决策机制制度、基层治理等方面贯彻和践行全过程人民民主。发挥社会主义协商民主在全过程人民民主中的独特独有独到的政治优势，推动协商民主广泛多层制度化，丰富民主形式、拓宽民主渠道、加深民主内涵。坚持和完善中国共产党领导的多党合作和政治协商制度，推动发扬民主和增进团结相互贯通、建言资政和凝聚共识双向发力。贯彻落实民族区域自治制度，高举民族团结旗帜，尊重和保障少数民族各项权益，促进各民族像石榴籽一样紧紧抱在一起。推进基层群众自治制度，引导人民群众从各层次各领域有序参与政治生活，把全过程人民民主的阳光洒落到人民群众的心坎上。

四、走好法治之路：全过程人民民主的实践价值

习近平总书记指出，通向幸福的道路不尽相同，各国人民有权

选择自己的发展道路和制度模式，这本身就是人民幸福的应有之义。民主同样是各国人民的权利，而不是少数国家的专利。实现民主有很多方式，不可能千篇一律。全过程人民民主坚持党的领导、人民当家作主、依法治国的有机统一，走的是中国特色社会主义政治发展道路。这是一条人民通往幸福的法治之路，是"为人类求解放"的法治实践，是人类民主的崭新样态，为推动世界政治文明贡献了中国智慧。

全过程人民民主切实依法解决中国问题。习近平总书记强调，民主不是装饰品，不是用来做摆设的，而是要用来解决人民要解决的问题的。全过程人民民主适应我国社会主要矛盾变化，积极回应了人民美好生活需要在民主、法治、公平、正义等方面日益增长要求，能够为推动人的全面发展、全体人民共同富裕提供更深层次、更高水平的民主环境和法治保障。全过程人民民主着眼解决人民内部矛盾，落实依法治国基本方略，健全调解、仲裁、诉讼等社会矛盾纠纷多元预防调处化解综合机制，将矛盾纠纷化解在萌芽状态、化解在基层，着力实现人民群众合法权益受到公平对待、尊严获得应有尊重。全过程人民民主聚焦人民群众急难愁盼问题，通过强化深化优化基层立法联系点载体功能、发挥人大代表作用等举措，进一步畅通社情民意表达和反馈机制，解民忧、纾民怨、暖民心，让人民群众获得感、幸福感、安全感更加充实、更有保障、更可持续。

全过程人民民主彰显中国之治优势。评价一种制度是否行得通、有效率、真管用，实践最有说服力。在长期奋斗中，我们党带领人民创造了世所罕见的"两大奇迹"。一个是经济快速发展奇迹。我国大踏步赶上时代，用几十年时间走完了发达国家几百年走过的工业化进程，跃升为世界第二大经济体，综合国力、科技实力、国防实力、文化影响力、国际影响力显著提升，全面建成了小康社会，历史性地解决了绝对贫困问题，人民生活显著改善，中华民族以崭新姿态屹立于世界的东方。另一个是社会长期稳定奇迹。我国长期保持社会和谐稳定、人民安居乐业，成为国际社会公认的最有安全感的国家之一。创造"两大奇迹"的重要原因是通过发展全过程人民民主"集中力量办大事"，提升国家治理效能，激发亿万群众投身伟大事业的主动性、积极性、创造性，集中展现了用民主法治力量强化"中国之制"的治理效能、发挥"中国之治"的制度优势。

全过程人民民主具备与时俱进品质。马克思主义者从不否认资本主义民主制度是人类历史的一大进步，认为资本主义民主为无产阶级民主创造了"现成的"民主形式，也为社会主义民主法治建设提供了有益借鉴。全过程人民民主作为马克思主义人民民主思想的时代新篇章，既不是脱离中国优秀传统文化的悬空构想，也不是脱离人类政治文明的褊狭探索。全过程人民民主扎根中国大地、符合现实国情、遵循法治原则、深受人民拥护、经受实践检验，道路自信、理论自信、制度自信、文化自信是中国式民主的底气所在、定力所在。同时发展全过程人民民主，要敢于面对民主法治传统有欠缺、保障人民民主权利不完善、发挥人民创造精神不充分等短板弱项，积极学习借鉴人类政治文明的一切有益成果，真诚欢迎一切有益的建议和善意的批评，但绝不接受"教师爷"般颐指气使的说教，绝不照搬西方政治制度模式，而是坚定不移地走好中国特色社会主义政治发展道路。

雄关漫道真如铁，而今迈步从头越。在开启全面建设社会主义现代化国家新征程的关键历史节点，习近平总书记关于"全过程人民民主"的重要论断，为新时代走好中国特色社会主义政治发展道路指明了前进方向、提供了根本遵循。我们要持续深入学习领会，切实把握精神实质，全面谋划落实举措，以生动实践书写全过程人民民主的天津篇章，为实现中华民族伟大复兴作出应有贡献。

《天津日报》（2021年08月23日　03版）

延伸阅读

"全过程民主是高质量的人民民主"

——国际人士积极评价中国发展全过程人民民主

习近平总书记在庆祝中国共产党成立100周年大会上发表重要讲话,强调"发展全过程人民民主"。这一重大理论的提出,丰富和发展了社会主义民主政治理论,深刻阐明了中国式民主的鲜明特色和显著优势,为新时代发展社会主义民主政治、建设社会主义政治文明提供了指引和遵循。接受本报记者采访的国际人士认为,中国全过程人民民主践行以人民为中心的发展思想,真正把人民当家作主体现到人民对自身利益的实现和发展上来。

"调动了全体人民的积极性、主动性、创造性"

英国巴斯市副市长余德烁曾经在湖南省茶陵县下东乡长乐村调研,感受到了中国人民充分参与治理实践的意义。"当地一些戴了多年'贫困帽'的农民告诉我,过去的扶贫政策像大水漫灌,一些极端贫困人口没有得到有效帮扶,一些扶贫项目与当地资源也不匹配。实施精准扶贫后,村委会组织村民代表座谈,根据每个地区、每户人家的具体情况一对一制定扶贫措施，解决他们的难题，充分发扬基层民主，发动群众参与。"

阿根廷国际关系委员会中国研究组成员内斯托·雷斯蒂沃认为，中国特色社会主义民主与中国共产党始终坚持以人民为中心的发展思想紧密相连。"中国人民的政治参与热情和执行能力让我惊叹，大到国家立法、国民经济和社会发展规划纲要的制定，小到物业管理、生活垃圾分类等，人民都能切实参与其中。"雷斯蒂沃注意到，在"十四五"规划纲要编制过程中，中央有关部门通过互联网向全社会征求意见和建议，收到人民群众建言100多万条，把人民呼声充分体现到文件中。"在我看来，只有将民主与人民的生活需求有效结合起来，才能取得这样的成绩。中国共产党的主张和人民的意愿统一起来，调动了全体人民的积极性、主动性、创造性。"

澳中工商业委员会北领地分会主席戴若·顾比表示，从涉及国家大政方针的政党协商，到社区和群众身边的基层协商，中国不断拓展协商民主渠道，推动民主制度和民主实践贯穿人民生活全过程，寻找全社会意愿和要求的最大公约数。"中国的民主实践保证了过程民主和结果民主、形式民主和实质民主、直接民主和间接民主相统一，真正解决人民要解决的问题。"

统计显示，党的十八大以来，共有193件次法律草案向社会征求意见，有约110万人次提出300多万条意见建议，许多重要意见得到采纳。"通向幸福的道路不尽相同，各国人民有权选择自己的发展道路和制度模式，这本身就是人民幸福的应有之义。一个国家民主不民主，要由这个国家的人民来评判。"俄罗斯共产党中央委员会副主席诺维科夫认为，中国坚持人民至上，"全过程民主是高质量的人民民主"。

"把人民民主的制度优势转化为社会治理效能"

"中国特色社会主义民主政治区别于西方民主的显著特征,就是全过程民主。这是一种以人民为中心的参与式民主,具有极大的创新价值和实践意义。"墨西哥前驻香港总领事爱德华多·罗尔丹说,在中国事关国计民生的大事中,人民群众的全过程参与成了不可缺少的部分,"民法典的编纂就是民主参与的鲜活事例",民法典编纂过程中,先后10次向社会公开征求意见,累计收到42.5万人提出的102万余条意见和建议,中国全国人大还在地方调研倾听基层意见,最大限度地体现中国广大人民的利益,紧密契合为人民谋幸福的民主需求。

近年来,中国各部门各地方积极开发和利用数字技术搭建公众号、小程序、网站等参与平台。乌克兰《每周镜报》政治评论员阿列克谢·科瓦利表示,中国全过程人民民主是对社会主义民主政治理论的重大创新,充分考虑民意、吸收专业建议,以寻求和建立最广泛共识。"每年中国全国两会前夕,中国政府网联合多家网络媒体平台开展网民建言征集活动。利用数字技术优势搭建各种数字化治理平台,中国的民主实践实现了向扁平化转变、向超越时空和人力限制转化。"

巴西瓦加斯基金会法学教授埃万德罗·卡瓦略曾在复旦大学做访问学者,近距离观察中国的民主实践。他认为,全过程民主是中国民主的鲜明特点。中国民主不仅是程序民主,更是实质民主,不仅限于民主决策过程,更关注其结果。"中国的民主渠道旨在不断了解'人民想要什么'和'政府需要做什么'。中国政府希望更多地听取人民的意见并由人民监督措施的执行。与许多西方国家相比,中国的民主模式让更多民众参与,更贴近人民的现实和利益。"

"有事好商量、众人的事情由众人商量。这正是民主精神的真正体现。"南非国家行政学院院长布萨尼·恩格卡维尼以中国各地建立的基层立法联系点为例指出,行政决策的效率充分体现出中国民主的优势。"中国全国人大的基层立法联系点构建起人民群众参与立法的便捷平台,把人民民主的制度优势转化为社会治理效能,满足新时代人民群众当家作主的新要求。"

"中国找到了适合国情民情的民主治理模式"

今年3月,十三届全国人大四次会议表决通过《全国人民代表大会关于修改〈中华人民共和国全国人民代表大会组织法〉的决定》,把"坚持全过程民主"写入国家法律。

"中国共产党的领导是实行全过程民主的根本政治保证。中国共产党坚持全心全意为人民服务的根本宗旨,因而能够得到人民的衷心拥护与支持。"日本刑法学泰斗、早稻田大学前校长西原春夫说,中国坚定不移走中国特色社会主义法治道路,保证人民在党的领导下通过各种途径和形式管理国家事务、管理经济文化事业、管理社会事务,保证人民依法享有广泛的权利和自由、承担应尽的义务。"正是因为中国共产党从诞生起,就把为中国人民谋幸福、为中华民族谋复兴确立为自己的初心使命,才能团结带领中国人民实现了民族独立、国家富强和人民幸福,才能真正实现中国式民主。"

巴西里约热内卢州立大学国际关系学教授埃利亚斯·雅布尔说,中国共产党始终把人民放在心中最高位置,把人民对美好生活的向往作为奋斗目标。全过程民主体现了在中国共产党领导下多方参与、共同治理的社会治理理念,有利于提高社会治理现代化水平。

"什么样的民主才是真正的民主?其实只有两条标准——'人民

是否满意'和'人民是否信任政府'。"尼日利亚中国研究中心主任查尔斯·奥努纳伊朱说,中国的发展成就和应对危机的能力离不开民众对政府的极大信任,"中国找到了适合国情民情的民主治理模式"。

《人民日报》(2021年10月04日　03版)

"中国的民主制度充满了中国智慧"

——多国人士积极评价《中国的民主》白皮书

国务院新闻办公室12月4日发表《中国的民主》白皮书，全面总结中国的民主发展取得的显著成就，深入阐释全过程人民民主的价值理念、制度程序、参与实践和世界意义。接受本报记者采访的外国专家学者表示，中国的民主保障了全体人民幸福生活的权利，为丰富和发展人类政治文明贡献了中国智慧、中国方案。

"中国特色社会主义民主政治有效且成功"

美国库恩基金会主席罗伯特·劳伦斯·库恩表示，中国共产党不断加强人权保障和法治建设，保障人民依法享有广泛权利和自由，人民实现了内容广泛、层次丰富的当家作主。"中国共产党领导人民实现全过程人民民主，有效地吸收民意、汇聚民智。"

克罗地亚—中国友好协会主席安德烈·卡拉菲利波维奇曾长期在中国工作生活。"担任驻华记者和外交官的经历，让我有机会走访中国多地，了解真实、立体、全面的中国。"他表示，中国人民拥有高度的幸福感和获得感，"这足以说明中国特色社会主义民主政治有效且成功，人民行使民主权利、参与民主生活的途径和方式越来越多"。

今年1月，《中华人民共和国民法典》正式施行。古巴国际政治研究中心中国问题专家爱德华多·雷加拉多认为，民法典的编纂过程，正是中国特色社会主义民主政治体现人民意志的生动实践。民法典的施行体现了以人民为中心的发展思想，让发展成果更多更公平惠及全体人民。

"全过程人民民主在治理国家、解决社会问题等方面显示出显著的有效性。"美国新墨西哥州立大学历史学教授肯尼思·哈蒙德表示，中国共产党始终坚持以人民为中心、坚持人民主体地位，真正为人民执政、靠人民执政。

"中国民主的本质和核心是人民当家作主，这样的民主是真正的民主。"英国巴斯市副市长余德烁表示，人民通过选举、投票行使权利，选出代表自己意愿的人来掌握并行使权力，是中国民主的一种重要形式，是人民实现当家作主的重要体现。

比利时赛百思中欧商务咨询公司首席执行官弗雷德里克·巴尔丹说，发展全过程人民民主能广泛地反映人民群众的愿望和诉求，保障人民群众的根本利益。中国的民主始终把发展作为第一要务，以民主促进国家发展、在国家发展基础上推进民主。"中国历史性地消灭绝对贫困，正是因为中国坚持以人为本，始终把人民利益放在首位"。

泰国暹罗智库主席、泰国正大管理学院副校长洪风认为，发展全过程人民民主，是中国对人类政治文明的重大贡献，也是人类社会的巨大进步。"中国取得巨大经济社会发展成就的背后，是中国特色社会主义政治制度的成功。"

"找到全社会最大公约数"

南非国家行政学院院长恩格卡维尼说，事实证明，不同国家有不同的民主发展历程。能使人民意志得到更好体现、人民权益得到更好保障、人民创造活力进一步激发的民主就应该坚持下去。

埃及贝尼苏韦夫大学政治学教授纳迪娅·希勒米认为，全过程人民民主具有完整的制度程序和完整的参与实践，使选举民主和协商民主这两种重要民主形式更好结合起来，"找到全社会最大公约数，既照顾到了多数人的意见，又在实践中体现出了效率"。

韩国檀国大学政治外交系教授金珍镐表示，中国特色社会主义民主具有鲜明的特点和优势，基于本国国情和实际，是保证人民当家作主、依法享有广泛权利和自由的真正的民主。

库恩认为，中国共产党通过坚持和完善人民代表大会制度，不断发展全过程人民民主，更好保证人民当家作主。中国共产党全国代表大会报告和中国政府工作报告等都反映了有关官员、专家和社会各界的大量意见和建议。"这些文件的起草时间长达数月甚至更长时间，大家反复斟酌酝酿，提出修改建议。"

哈蒙德表示，中国共产党和各民主党派、无党派人士以会议协商、约谈协商、书面协商等形式，就国家和地方重大政策和重要事务进行协商，目的是维护人民利益，增进人民福祉。

席勒研究所研究员雨果·洛佩兹表示，中国幅员辽阔、人口众多，只有强大而统一的领导，才能将14亿多人团结在一起，实现最广大人民的最广泛参与。

给余德烁留下深刻印象的是，"十四五"规划建议起草过程中，中国共产党开展"网络问计"，上百万条网民意见建议中，一位叫"云帆"的网民留下关于"互助性养老"的建言。这条建议有关内容被列入"十四五"规划建议，最终化为规划纲要的具体举措。"中国的民主渠道旨在不断了解'人民想要什么'和'政府需要做什么',涉及更多的民众参与,也更贴近人民的现实和利益。"

"丰富了民主的内涵"

希勒米认为,实现民主有多种方式和途径,每个国家都有权根据自身情况选择适合自己的民主发展道路。"中国的民主实践向世界表明,民主的模式不是单一的。中国的民主制度充满了中国智慧,丰富了民主的内涵。"

在洛佩兹看来,中国民主为人类政治文明进步作出充满中国智慧的贡献。"中国将人民利益置于首位,在此基础上制定切实可行的有利于人民的政策;在对外交往中坚持互利共赢,提出并践行构建人类命运共同体就是一个很好的例证。"

雷加拉多表示,中国基于本国国情发展全过程人民民主,不仅推动了中国的发展,也丰富了人类政治文明形态。

"中国在民主形式上进行了不少有益探索,'小院议事厅'、'板凳民主'、线下'圆桌会'、线上'议事群',一个又一个充满烟火气的民主形式既是基层民主的创新,又为中国民主发展不断注入新的动力。"洪风表示,"中国之治"的民主实践正为促进世界和平与发展提供更多中国智慧、中国方案。

卡拉菲利波维奇表示,世界上没有放之四海而皆准的民主发展道路,不能以某种所谓普遍的民主模式来评判其他国家的民主实践和道路选择。不同国家自主选择符合自身国情的政治制度和发展道路,才能成就世界丰富多彩的政治制度和人类五彩缤纷的政治文明。

《人民日报》(2021年12月06日 03版)

高质量履职　践行全过程人民民主

习近平总书记在庆祝中国共产党成立100周年大会上的重要讲话中强调:"践行以人民为中心的发展思想,发展全过程人民民主"。

我国共有260多万名各级人大代表,人大代表来自人民、代表人民,在全过程民主中发挥着重要作用。近年来,各级人大代表密切联系群众,发挥同人民群众工作和生活在一起的优势,深入了解民情,真实反映民意,广泛集中民智,当好党和国家密切联系人民群众的桥梁和纽带,及时把人民群众最关心、最直接、最现实的问题通过适当的渠道反映给党委和政府,努力推动问题的解决。

记者采访了4位人大代表,从他们的履职经历和体会中,感受中国全过程人民民主的制度优势。

在"基层立法联系点"收集民意——
全国人大代表邵志清:"汇聚更多高质量立法建议"

"今年11月1日起,个人信息保护法就要施行了,这将为我国公民的个人信息保护提供更加有力的法律保障。"谈到个人信息保护,全国人大代表、致公党上海市委专职副主委邵志清高兴地说。

作为信息化领域的专家，近年来，邵志清一直关注互联网时代的个人信息保护问题。"现实中，违法获取、随意收集、非法交易、任意滥用个人信息的现象层出不穷，群众意见很大。"邵志清说。

与此同时，不少互联网企业也向邵志清"倒苦水"，希望企业发展中受个人信息保护的限制越少越好。

"必须在现实中判断发展和保护哪一端更加迫切？"邵志清说，从实际情况尤其是人民群众切身体会看，当前无疑需要加强个人信息保护的力度。去年10月，邵志清受邀参加十三届全国人大常委会第二十二次会议，在参加分组审议时，他对个人信息保护法草案提出了两条修改建议，围绕个人信息的定义和个人信息的处理，希望细化草案的有关表述，让法律更加具体，保护力度更大。

"作为全国人大代表，践行全过程人民民主，最重要的就是真正代表人民群众的利益，反映人民群众的呼声。"邵志清说。他经常到"基层立法联系点"听取意见、深入调查研究。

2020年初，邵志清在为全国两会准备代表建议时注意到，一位致公党党员就不动产登记问题总结了一份课题报告，报告显示，不动产登记引发大量纠纷，很多纠纷中，由于群众对不动产登记政策、程序、规则不了解，导致利益受损，继而对簿公堂。

邵志清对不动产登记进行了深入了解，查阅有关法律法规，调研城市、农村居民在不动产登记中分别可能面临的问题。他发现，在农村，不少权利人进行宅基地使用权登记时，不知道应当在哪个部门进行登记。"许多农民工子女生活在城市，或已具有城镇户籍，有些地方允许其城镇户籍子女继承宅基地使用权，有些地方则不允许，做法不统一。"邵志清说。

2020年5月，在北京出席十三届全国人大三次会议期间，邵志清还与上海代表团中熟悉农业农村工作的代表进行了探讨，吸纳了相关建议，对准备提交的建议作了进一步修改完善，最终形成9个方面的意见向大会提交。

"邵志清代表：您提出的《关于完善不动产登记的若干建议》收悉……关于农村宅基地使用权登记问题。农民的宅基地使用权可以依法由城镇户籍的子女继承并办理不动产登记。"2020年9月，自然资源部网站上出现了这样一则回复，引发关注。

自然资源部从不动产共有登记、监护人代为申请、农村宅基地使用权登记、土地承包经营权流转等9个方面，对邵志清提交的《关于完善不动产登记的若干建议》逐条解释，厘清了许多困惑。

"每条答复都很详尽，认真梳理了原有规定，并在制度层面、执行层面有针对性地作出了明确解释。"邵志清说，这个办理结果让他十分满意。

参与立法、提出建议，邵志清深刻体会到作为全国人大代表的责任。"今后的履职过程中，我将进一步发挥'基层立法联系点'密切联系群众的优势，积极开展调研，主动汲取民智，汇聚更多高质量立法建议，在践行全过程人民民主的过程中更好发挥人大代表的作用。"邵志清说。

（本报记者　巨云鹏）

在农业生产一线发现问题解决问题——
全国人大代表雷温芳："把群众期盼变为现实"

9月的一天，陕西省合阳县秋雨绵绵，田野道路行人寥寥，黑池镇五丰社区会议室里却热火朝天：上午由全国人大代表、五丰社区党总支部书记雷温芳讲政策理论知识，下午县农技中心的专家讲红薯栽培新技术。

像这样"晴天下地，雨天学习"的无缝安排，在五丰社区早已是"家常便饭"。连任两届全国人大代表的雷温芳，平日里经常挨家挨户走访，倾听群众心声。许多群众反映，想加强对政策理论和农业技术的学习，增强致富的本领。雷温芳便经常组织大家在农闲时学习。

过去，五丰社区卫生环境脏乱差，基础设施薄弱破旧。雷温芳"对症下药"，着手改善农村人居环境。在她的带领下，五丰社区建成垃圾分类填埋场，推进农村生活污水处理站工程，社区无公害化改厕达到全覆盖。改造社区服务中心和休闲广场，安装太阳能路灯，绿化进村路，拓宽巷道……人居环境改善了，群众幸福指数大大提升。

雷温芳深切感到全面推进乡村振兴，离不开农村人居环境的改善。在十三届全国人大四次会议上，雷温芳递交了关于加大支持农村人居环境整治工作资金投入的建议。今年6月28日，财政部致函回复："农村公共人居环境等农村公共基础设施，是推进乡村全面振兴的重要基础。您提出的建议对开展相关工作具有重要参考价值。"

陕西干旱少雨，农业发展基础条件匮乏。五丰社区曾是贫困村。近年来，雷温芳带领社区"两委"转变发展思路，科学调整产业结构，先后打造了2100亩黄花菜产业示范基地，并针对黄花菜的销售难题，在辖区成立了"连兴黄花菜专业合作社"进行收购加工。500亩墨李示范园、300亩大棚樱桃示范园、200亩大甜樱桃示范园、120亩甜柿子示范园相继建成，同时建成50吨空调冷库，为群众产前、产中、产后提供高质量服务。曾经的贫困群众不仅精准脱贫，而且增收基础不断夯实，"钱袋子"有了保障。

全面推进乡村振兴，农业发展既是基础前提，又是关键。雷温芳提出的关于发展黄河流域旱作高效农业的建议获得农业农村部致函回复:"将结合新一轮全国高标准农田建设规划和中央财政预算安排情况,积极指导区域因地制宜,统筹发展和推广高效节水灌溉技术,实现水、肥资源的高效利用。"一有空闲就深入农村一线调查研究的雷温芳先后完成关于全面推进乡村振兴的建议 50 余件,受到有关部门的高度重视。

"作为一名人大代表,我始终和群众在一起,全过程参与民主选举、民主协商、民主决策、民主管理、民主监督,把群众心声转化为意见建议,把群众期盼变为现实。"谈起履职感受时,雷温芳由衷地说。

(本报记者　龚仕建)

亲历"全过程参与式预算监督"——
广州天河区人大代表赵熙:"我在场、我参与、我监督"

中秋小长假前的最后一个工作日,广东广州市天河区人大常委会的一场主任会议开得热火朝天。其中一项重要议题,就是对 8 月全区联网预算系统报告反映的资金流向和总体状况进行分析。

"对政府'钱袋子'的合理使用,人大高度关注。在天河,人大代表的审议监督不光在事中、事后,而是从预算制定的第一步就参与进去,形成全过程监督的闭环。"天河区人大常委会党组副书记、副主任林志云说。

区人大代表、广东越维信息科技有限公司总经理赵熙,就是林志云口中"全过程参与式预算监督"的亲历者之一。

从 2011 年当选人大代表以来,赵熙已连任两届。他坦言,刚开始，代表对预算监督能做的工作确实不多——

"当初审查区政府预算，是在每年年初的区人代会上，人大代表进行审查表决。预算草案简单抽象，就那么短短几天，不少人连看都看不懂。"

令赵熙耳目一新的是2013年参加对区政府某部门的一次预算审议。和以往不同，那次是在部门编制预算的阶段，代表们就参与进去了。

"那场审议阵容很大，与会专家、代表所提问题尖锐、专业，辣味十足。印象深刻的是，被审议部门对人大的这种新举措还颇不适应，个别负责人甚至认为我们是'多管闲事'。"赵熙记忆犹新。

党的十八大以来，天河区人大常委会学习贯彻落实习近平总书记关于坚持和完善人民代表大会制度的重要思想，探索开展参与式预算审查监督，组织全体区人大代表提前介入审查政府预算草案和部门预算草案，对部门预算执行进行全过程跟踪监督。经过8年坚持完善，至2021年，天河区人大常委会共提前介入审查了58个部门或项目预算的编制情况，其中47个部门和6个项目接受了从预算编制、执行到决算的全过程闭环监督。

近年来，天河区教育大发展，新建学校投资可观。今年初，在提前审议教育局的预算方案时，赵熙却皱起了眉头。"里面关于学校建设，只有今年新建几个学校、投资多少，等等。而根据我办企业的经验，新设一所学校，不光要考虑初始的费用，一旦开起来，每年运转的配套投入都是必不可少的。"他建议，将每所学校未来3年所需的师资、安保、运维等成本进行匡算，并列明在预算方案中提交财政部门统筹考虑，最终得到教育部门的采纳。

"作为人大代表，'我在场、我参与、我监督'。参与式预算审查监督的价值，不在于砍经费、调预算，而在于倒逼政府预算更加科学规范,花钱更加公开透明,促进经济社会高质量发展。"赵熙说。

(本报记者 贺林平)

把"代表之家"作为联系群众的纽带——
北京海淀区人大代表张永慧:"让人大代表更贴近群众"

双向两车道变四车道,两侧新建的绿化带郁郁葱葱……今年9月中旬,位于北京市海淀区的巴沟路改扩建工程顺利完工,大幅提升了区域道路交通通行能力、周边群众居住环境和区域面貌。"出行更方便了,连心情都变舒畅了!"家住万柳的张先生第一时间感受了这项民生工程带来的便利。

看到巴沟路的变化,今年79岁的海淀区人大代表张永慧倍感欣慰,因为这里面也凝聚着她的汗水。过去,巴沟路宽度不到20米,仅有一上一下两条机动车道,高峰期十分拥堵,几乎成了一个瓶颈。

"我在社区代表联络站接待选民时,不少居民向我反映,希望对巴沟路实施改造,缓解交通拥堵。"张永慧回忆。

原来,为了方便代表联系选民,海淀区在各街道、镇设立了"代表之家",在各社区、村设立代表联络站,张永慧所在的牤牛桥联络站目前共有市、区两级5位驻站代表,是闭会期间人大代表接待选民、收集辖区选民意见建议、接受群众监督的重要平台。

接到居民的诉求,张永慧开始实地走访调研,她发现问题并不像想象中那样简单。早在2010年,相关部门就准备实施巴沟路改造,但因各种原因未能实现,后来又因地铁10号线保护问题,改造计划再度搁浅。

经过深入调研,张永慧向海淀区人大提交了"为缓解交通拥堵,巴沟路须尽快改造"的建议,这份编号为5161号的建议被海淀区人大常委会确定为2020年跟踪督办件,由海淀区住房和城乡建设委员会承办并持续推进。

去年底,巴沟路改扩建工程正式开工,平坦宽阔的路面加上道路两侧绿意盎然的优美景观,让居民体验到更加通畅、安全、舒适的出行环境。

自从在61岁那年当选为海淀区人大代表,张永慧就不断为群众解难题、谋幸福,如今已经连任4届。"人大代表是人民选出来的代表,就要为人民说话,替人民办事;人大代表连着政府和百姓,有了政府的支持,百姓的理解,桥梁的作用才会发挥出来。"张永慧常说。

"把'代表之家'建在离群众最近的地方,让代表履职更接地气。"海淀区人大常委会主任刘长利介绍,截至目前,海淀区已建设29个代表之家和95个代表联络站,实体站点基本实现了区域全覆盖,市、区、镇三级人大代表全部编组进站,已全面建成代表联系选民网络化体系。

如今,张永慧经常到牤牛桥代表联络站接待选民,居民们见到张代表格外高兴,像相识多年的老朋友无话不说。"人民代表为人民,排忧解难暖民心",鲜红的锦旗承载着居民对张永慧的感激,也承载着百姓对全过程人民民主的理解与支持。

"'代表之家'方便了群众,也让人大代表更贴近群众;'代表之家'不仅是人大代表的'家',更是群众的'家'。"张永慧说。

(本报记者 贺 勇)

《人民日报》(2021年09月30日 19版)

为人类文明发展进步作出新的更大贡献

12月4日,"民主:全人类共同价值"国际论坛在北京开幕。120多个国家和地区、20多个国际组织的500余名嘉宾线上线下参会,共同探讨民主真谛,共商交流互鉴之道。

民主是全人类共同价值,是人类文明发展进步的重要标志。实现人民民主,是中国共产党始终高举的伟大旗帜和坚持的重要理念。100年来,中国共产党领导人民矢志不渝追求民主、发展民主、实现民主,中国民主之路越走越宽广。人民当家作主是中国民主的本质和核心,中国民主充分体现人民意志、维护人民权益、激发人民创造,真正把发展为了人民、发展依靠人民、发展成果由人民共享落到实处。这是中国之治的"密码",是中国民主的力量。在世界文明的百花园里,中国的民主之花绚丽绽放。

中国的民主实践充分证明,民主是各国人民的权利,而不是少数国家的专利。实现民主有多种方式,不可能千篇一律。民主是历史的、具体的、发展的,各国民主植根于本国的历史文化传统,成长于本国人民的实践探索和智慧创造,民主道路不同,民主形态各异。一个国家是不是民主,应该由这个国家的人民来评判,而不应该由外部少数人指手画脚来评判。国际社会哪个国家是不是民主的,应该由国际社会共同来评判，而不应该由自以为是的少数国家来评判。用单一的标尺衡量世界丰富多彩的政治制度，用单调的眼光审视人类五彩缤纷的政治文明，本身就是不民主的。日本前首相鸠山由纪夫在"民主：全人类共同价值"国际论坛上发言指出，各国应该培养共同价值观的思维，不应该企图通过攻击他国价值观来逃避自身价值观所面临的混乱。

中国的民主实践充分证明，民主不是装饰品，不是用来做摆设的，而是要用来解决人民需要解决的问题的。中国共产党一经诞生，就把为中国人民谋幸福、为中华民族谋复兴确立为自己的初心和使命，为实现人民当家作主进行了不懈探索和奋斗，让中国人民真正成为国家、社会和自己命运的主人。党的十八大以来，中国共产党深化对中国民主政治发展规律的认识，提出全过程人民民主重大理念并大力推进，民主价值和理念进一步转化为科学有效的制度安排和具体现实的民主实践。"中国赋予了民主更全面的内涵和更强大的生命力""中国的民主实践真正解决人民要解决的问题""中国式民主不仅体现在民主选举中，也广泛体现在日常生活中，是有效的民主制度"……国际人士纷纷予以高度评价。

民主没有放之四海而皆准的模式，各国应相互尊重、求同存异、交流互鉴，促进团结而不是造成分裂，推动合作而不是制造对抗，增进人民福祉而不是带来动荡混乱。人类民主事业的真正阻碍，不是民主模式的差异，而是对他国民主探索的傲慢、偏见和敌视，是把本国民主模式强加于人的"唯我独尊"。正是本着对人类前途命运高度负责的态度，中国始终积极推动各方以宽广胸怀理解不同文明对价值内涵的认识，尊重不同国家人民对价值实现路径的探索，把全人类共同价值具体地、现实地体现到实现本国人民利益的实践中去。西班牙共产党主席何塞·路易斯·森特利亚强调，只有各国经常对话、和谐共处，同时秉持共同的价值，才能战胜当下的一系列挑战，为人类共同的未来谋取更好的福祉。

民主是多样的，世界是多彩的。中国共产党和中国人民愿同各国交流互鉴、携手合作，一道弘扬和平、发展、公平、正义、民主、自由的全人类共同价值，携手应对全球共同挑战，推进构建人类命运共同体，为人类文明发展进步作出新的更大贡献。

《人民日报》（2021年12月06日　03版）